U0014873

工業

從製造業到「智」造業，下一波產業革命如何顛覆全世界？

4.0

INDUSTRY
4.0

韋康博｜著

目錄 CONTENTS

推薦序───

參訪世界，驅動台灣生產力 4.0 新優勢（李詩欽）　　　　8

取經強國戰略，突圍台灣經濟競爭力（卓永財）　　　　12

因應萬物聯網的趨勢，創造台灣新機遇（徐銘宏）　　　　14

一探工業 4.0 魅力與內涵的啟蒙專書（郭重顯）　　　　16

工業 4.0 是未來十年重大產業機遇（劉克振）　　　　19

擁抱智慧紀元，我看《工業 4.0》（鄭緯筌）　　　　21

前　言　主導未來數十年的關鍵轉捩點　　　　23

I 工業 4.0 時代：
即將來襲的第四次工業革命

01 工業 4.0 的定義與核心特徵　　　　　　　　　29

02 工業 4.0 的發展策略願景　　　　　　　　　　35

03 工業 4.0 即將顛覆哪些面向？　　　　　　　　40

04 工業 4.0 時代的機遇與挑戰　　　　　　　　　45

05 工業 4.0 時代如何淘汰小米科技？　　　　　　51

06 創新 2.0 與工業 4.0　　　　　　　　　　　　56

II 工業 4.0 的思維方式：
顛覆全球製造業的新思維

07 先進國家如何搶占科技先機？　　　　　　　　65

08 虛擬全球將與現實全球相互融合　　　　　　　70

09 人、機器及資訊互相連結的世界　　　　　　　76

10 個性化生產與消費的時代　　　　　　　　　　82

11 重行銷輕製造的網路經濟即將落伍　　　　　　88

12 預測型製造與工業大數據　　　　　　　　　　94

III 工業 4.0 進行式：
先進經濟體的產業革命

13 從德國開始席捲世界的工業 4.0　　　　　　103

14 歐盟開始部署工業復興策略　　　　　　　109

15 美國「再工業化」的發展核心　　　　　　115

16 日本的工業智慧化計畫　　　　　　　　　122

IV 工業 4.0 的內涵：
自動控制、人工智慧與資訊處理

17 智慧製造主導的產業升級　　　　　　　　131

18 智慧機器人打造的無人生產線　　　　　　138

19 當物聯網跨入其他產業　　　　　　　　　144

20 推動網宇實體系統的發展　　　　　　　　150

21 智慧生產與智慧工廠　　　　　　　　　　156

22 未來的智慧工廠：零件與機器的交流　　　162

23 從縱向、橫向與端到端進行的產業整合　　168

V 工業 4.0 策略：
智慧互聯系統引領的強國策略

24 智慧聯網下的產業優化   175

25 西門子的「三化」策略布局   179

26 領先的供應商策略與市場策略   184

27 高標準化、組織先進化與個性化產品策略   190

28 讓製造業更具創造力、更加當地化及個性化   195

29 智慧互聯帶來的機會和挑戰   200

VI 工業 4.0 生態系統：
滿足個性化需求的生態鏈

30 社會 4.0——價值網路的橫向整合   209

31 橫跨整個價值鏈的端對端工程   214

32 強化資訊技術與製造工業的結合   219

33 適應萬物互聯的發展趨勢   227

34 匯聚優勢：人機協作改變工業生態   232

VII

VII 工業 4.0 投資機會：
了解並布局工業 4.0 時代

35　高鐵與航空的自動化裝備系統	239
36　汽車產業的智慧系統	244
37　超級機器人，還是超級人類？	249
38　自動化產業改造和升級	255
39　數位化製造的助力	260
40　布局工業 4.0：穩中求進，贏在起點	265

VIII

VIII 工業 4.0 在中國：
從 3.0 向 4.0 的跨越

41　中國全新的工業藍圖	273
42　突破軟硬體的不足，啟動開拓式創新	278
43　從廠商製造，到使用者個性化製造	283
44　注重具備獨創性的智慧財產權，拒絕山寨工業	288
45　「世界工廠」的在地反思	295
46　從「中國製造」到「中國創造」	300
47　工業 4.0 的全生命週期管理	306

推薦序
參訪世界，驅動台灣生產力 4.0 新優勢

李詩欽（台灣雲端運算產業協會理事長、英業達集團董事長）

　　時代快速變遷下，全球製造業受到新技術革新和產業變革的挑戰，新一代資訊通信技術快速發展並與製造技術深度融合，引發製造業發展理念、製造模式、製造手段、技術體系和價值鏈的重大變革，亦意味著以雲端、大數據與物聯網所形成的「工業 4.0 生態系統」正逐漸成形。美國、德國等先進國家提出的製造業策略規劃，基於數位化、網路化、智慧化製造技術下的製造理念，更加敏捷化、綠色化、協同化、個性化、服務化、柔性化，這些規劃和手段就是例證。

　　台灣雲端產業協會（後簡稱雲協）組成「工業 4.0 歐盟產學研政考察團」（簡稱「考察團」），企圖掌握世界領導廠商成功之道，如何在「工業 4.0」概念下，作為台灣「生產力 4.0」之借鏡，以及雲協擬定未來策略方向之參考。此行「考察團」見證到西門子安貝格（Amberg）智慧工廠，擁有高達 99.99885％工廠良率，每天產生五千萬筆的龐大數據，不但精確掌握製造端的歷史、客戶的習性，同時亦能透過數據精確預測未來需求，這是安貝格廠最重要的資產。

　　將 Big Data 變成 Smart Data，透過資訊挖掘、分析與管理層整合，並分類，主動將重大訊息推送給相關人員，讓第一線人員即時運用資訊，保留知識工作者的智慧。從前在工廠的是「黑手」，現在則是「IT 知識工作者」在機器後端，運用分析數據掌握工廠調派指揮權，更有時間思考怎麼讓生產效率變更好。

　　工具機廠在雲端及大數據應用方面，此行「考察團」亦目睹世界前三大的台灣友嘉實業集團（FFG）在德國 MAG 工廠，透過監測信號並利用雲端運算及大數據分析，將有效預測刀具壽命，提早更換避免損失，亦可降低誤判刀具壽命所造成的高營運成本。另外亦獲邀參訪獲得德國「Digital Transformation Report 2015」榮耀的薩爾邦大學科研中心，透過 RFID 的應用展示「智慧工廠」生產流程中，記錄並監測生產線上所有使用元件的運作情形，建置完整的生產履歷與工作紀錄，在產品物流上，透過 RFID 清楚了解貨品入庫、出貨、貨品位置、存貨控管等資訊。

　　另外，在 ZeMA 科研中心，他們利用 Indoor GPS 做為工料、產線的定位追蹤，人與機器人的協同作業（Human robot collaboration）展示其 Smart Factory-IT（Power 4 Production）與「工業 4.0」的應用。

　　除了世界領導工廠和實驗研究中心的參訪學習，「考察團」亦到歐盟委員會，進一步深入「Europe 2020 策略」，了解歐盟在 21 世紀經濟社會的願景三項驅動力：

1. 智慧成長：發展以知識、創新為基礎的經濟社會。
2. 永續成長：打造更具能源效率、更綠化、更具競爭力的國家。

　　3. 包容成長：支持高就業率的經濟體制，促進社會和領土的融合。

　　本書作者提及 2015 年「中國製造 2025」中提出的「互聯網＋」計畫。其中談到中國大陸製造業「三步走」的發展戰略及 2025 年的奮鬥目標、指導方針和戰略路線，制定了九大戰略任務、十大重點發展領域和五項重大工程等。「中國製造 2025」是推動中國大陸製造業轉型升級、提升中國大陸製造業企業國際競爭力的戰略規劃和行動綱領，因此亦正成為當前台灣製造領域的關注熱點。

　　台灣是以製造業出口全球市場興起的國家。台灣製造業藉由 PC 產業活躍於國際舞台，也因過度聚焦於 PC 產業，導致故步自封，未及時趕上互聯網及移動互聯網等風起雲湧的時代變遷。突然之間，以前的遊戲規則都不再管用，許多企業面臨市場競爭的壓力，紛紛需要轉型。

　　2009 年，「雲端運算」興起，促使台灣能再次連結世界的主流。而「工業 4.0」則是在「雲端運算」帶動「巨量資料」及「物聯網」後的連環轉型升級契機。雲端運算及大數據結合物聯網應用到製造業，「工業 4.0」的精髓——網宇實體系統（Cyber-Physical System，CPS），將雲端、大數據、物聯網、機器人、自動化、人工智慧……等元素通通加以串聯，藉由相互感測、溝通、決策、協作，使工業製造的優勢得以加值並延續，相關問題將迎刃而解。「生產力 4.0」是台灣「工業 4.0」的升級版，提供台灣廠商發展「軟體」及「系統整合」致勝武器的最佳場域與時機。

　　本書作者為知名財經作家，曾從事工業和資訊化領域工作

多年，亦是中國商業社資深財經編輯兼「工業 4.0」在中國大陸的主要推動者與研究專家，曾發表多篇關於製造業的文章，介紹德國在智慧化生產和先進製造業方面的最新學術成果。本書正是作者對「工業 4.0」進行的較為全面的解讀，適逢其時。希望本書有助於推進台灣對「生產力 4.0」或「工業 4.0」的研究與應用實踐。

推薦序
取經強國戰略，突圍台灣經濟競爭力

卓永財（上銀集團董事長）

德國梅克爾總理在 2011 年 4 月漢諾威工業展開幕典禮時，宣布德國將進入工業 4.0 時代。工業 4.0 的概念是來自幾次工業革命，因此，也有「第四次工業革命」的稱謂。

眾所周知，德國長久以來在工業製造領域中領先世界各國，在近年的歐債危機中，德國無論在經濟、金融、失業率與社會安定等各方面的表現，均是歐洲的典範。見賢思齊，美國、英國、日本、法國莫不紛紛思考學習德國的做法，各自推出自己的提振工業製造以及產學密切合作的版本。

但是，從德國本身來看，雖然目前優勢仍在，但是，思及美國在網路創新、網路經濟方面的興盛，主導了近年世界的改變，德國如何持續維持強勢？這是德國工業界的焦慮，亟思突圍。綜合既有工業製造強項與資訊科技來提升德國工業未來的競爭力，以及兼顧德國社會居住實況的工業 4.0 概念因而孕育，並且在 2011 年正式誕生。

放眼全球，工業 4.0 在大陸最為火熱，是顯學中的顯學，由中國工程院結合工信部共同擬訂、並經二位國家領導人拍板定案

的中國版工業 4.0「中國製造 2025」，期望十年後，中國由世界製造大國蛻變成為製造強國，以至於在 2050 年成為創新強國。當然，這並不容易，因此，他們規劃了「工業 2.0 補課」、「工業 3.0 普及」，以及「工業 4.0 示範」等各項補強措施，整體而言是要努力做好「彎道超車」，達成強國目標，可以說是雄才大略的國家大戰略。

我於 2014 年在西安聆聽中國工程院周濟院長的簡報，以及 2015 年在南寧（中國機械工程學會年會）以及北京兩岸首屆工業發展與合作論壇二度聆聽工程院盧秉恒院士簡報定案版的「中國製造 2025」，深切體會這是大陸未來產業及經濟發展的大變革。

我很憂心台灣產業未來的國際競爭力，因此，近年也積極推動工業 4.0 在台灣獲得產業界的重視、思考與學習。如今，行政院也制定「生產力 4.0」，亦即台灣版的工業 4.0，總算跨出了第一步。然而，工業 4.0 至目前仍然是一種概念，各國產業狀況不同，要如何推動？各國仍在摸索。

大陸如今已經成為台灣的最大市場，近年在各個領域也逐漸成為競爭者，未來可以說是既競爭又合作的「新競合時代」，德國工業 4.0 的「原創思維」以及大陸中國製造 2025 的「改造加強版」，都值得台灣各界思索。韋康博先生是大陸著名財經作家，也是中國工業 4.0 的重要推動者，本書融合德國版與中國版的工業 4.0 精髓，深值國人參考。

推薦序
因應萬物聯網的趨勢，創造台灣新機遇

徐銘宏（工研院資通所總監）

　　商周出版請我為本書寫推薦序時，我正好隨台灣雲端運算產業協會前往歐洲，考察德國工業 4.0 領導廠商經營之道；特別是拜訪西門子數位化工廠（EWA）時，看到德國業者如何以智慧工廠展現工業 4.0 的投資成效，以一萬平方公尺面積的廠房服務六萬個客戶，讓單一工廠在未增減員工人數的前提下，創造八倍產能的佳績，同時在產品的良率數字上，卻達到不可思議的99.99885%，令我深感敬佩。

　　本書作者提綱挈領闡述全球發展工業現況，從歐美到鄰近亞洲的中國、日本，以實際的企業案例為佐證，旁徵博引，尤其是分析中國大陸面對這一波全球性產業結構變革浪潮的反思對策——「中國製造 2025」，以深入淺出的文字，點出中國大陸市場面臨「高階失守、低階混戰」的潛在隱憂；國際大廠仍掌握著高階技術，但中國廠商卻在低階產品上必須面對後進者的競爭。如此局勢，作者於書中充分演繹中國企圖從製造大國躍進成為製造強國的觀點。

　　儘管台灣市場胃納量小，土地與天然資源不足，人力成本相

對較高，然而對於品質控管良好的生產製造優勢，在全球各種傑出的品牌中，經常能見到台灣代工的身影。倘若能將本書所提的工業 4.0 精髓運用至更多元的產業，發展出適合台灣廠商的「生產力 4.0」，善用過去製造業、資訊與通訊科技（ICT）所蓄積的能量，透過工廠端數位化的系統整合，將廠房的生產數據蒐集並組織成有意義的 Smart Data，日積月累匯集成知識系統，讓以往的工廠黑手，透過生產力 4.0 的本質提升，轉型成為 IT 知識工作者。

面對萬物聯網的產業趨勢，因應變化迅速的產業風向，以少量多樣、直營銷售甚至複製異業，激發企業衍生創新商業模式，創造未來意想不到的新機遇（Serendipity）。透過閱讀本書，我們得以借鏡不同改革觀點，台灣產業應當更勇敢改變過去的習慣，勇於投資自己，學習新的產業典範，為下一個世代的榮景努力拚搏。

推薦序
一探工業 4.0 魅力與內涵的啟蒙專書

郭重顯（台灣科技大學電機工程系教授）

　　從 2015 年年初開始，我所認識的一些產業界以及學術界的朋友，都會聊到工業 4.0 這一個對他們有些陌生，但是卻好像很重要的名詞。讓我訝異的是一些傳統產業且高度仰賴人工操作數值或程式控制自動化設備之產業朋友，他們對於工業 4.0 的高度興趣、憧憬與期待。

　　對於在大學任教的我或者是學術界的朋友們，我們可以比較容易地從國外網路上找到工業 4.0 白皮書、學術論文、技術報告以及各個國家對於工業 4.0 的因應做法。然而，當這些產業界的朋友問我，要如何能比較快速、完整且有系統地了解工業 4.0 時，那時候我總會想到如果有一本中文且淺顯易懂，但又能完整陳述工業 4.0 之發展、精神、概念與實踐的相關書籍來推薦給他們，那麼他們要完整了解工業 4.0 就不是那麼遙不可及的一件事。

　　很開心的，最近我拿到了韋康博先生所撰寫的《工業 4.0：從製造業到「智」造業，下一波產業革命如何顛覆全世界？》。我也很好奇地趕快看了一遍，也期待能從這本書中得到更多工業

4.0 的了解、體會與啟發。在看完這本書之後，我發現這本書不論在工業 4.0 之發展、內涵、策略、生態、挑戰、因應、布局與商機都有相當完整且清楚的陳述，特別是對於全球具代表性製造商在工業 4.0 上面的做法也進行了探討與剖析。相信這對於想要一探工業 4.0 魅力的讀者，是一本不可或缺的啟蒙書。

工業 4.0 之精神就如本書之書名中所提到的——「從製造業到智造業」！對於現有的製造業而言，導入工業 4.0 並不是只有設備升級這件事情而已，這讓許多以高階與先進設備為製造競爭力的公司產生了疑慮。事實上，工業 4.0 徹底顛覆了傳統製造業的生產方式與商業模式；其實現了虛擬世界與現實世界之「大一統」架構，並建構個別化、人性化、網路化與智慧化之智慧工廠，達成結合即時互聯與智慧製造的整體目標。也因為如此龐大的製造工程革命，工業 4.0 對於商業模式與合作模式之改變與影響，對於現有製造業是不可輕忽的。

工業 4.0 本來就是一個跨領域且涉及相當廣泛的製造革新工程，其所探討的不是只有表面上所看到的設備更新，導入物聯網及雲端巨量資料等技術而已；更牽涉到人力資源的技術升級與製造文化的變革。這本書巧妙地將這些交錯複雜的網路智慧製造工程與商業合作模式安排成八部曲分別進行了剖析，包括：工業 4.0 時代（即將來襲的第四次工業革命）、工業 4.0 的思維方式（顛覆全球製造業的新思維）、工業 4.0 進行式（先進經濟體的產業革命）、工業 4.0 的內涵（自動控制、人工智慧與資訊處理）、工業 4.0 策略（智慧互聯系統引領的強國策略）、工業 4.0 生態系統（滿足個性化需求的生態鏈）、工業 4.0 投資機遇（了解並布局工業 4.0 時代），以及工業 4.0 在中國（從 3.0 向 4.0 的跨越）。

最後，這本書的出版對於全球正在高度專注且正要開始發展

展的工業 4.0 有相當重要的意義。作者韋康博先生花了相當多的精神彙整完整且有參考價值的工業 4.0 相關資訊,也提出了精闢的見解,其內容不但對於想導入工業 4.0 之製造商提供了系統化且整體性的探討,且提出了因應做法與方向。同時,此本書深入淺出,並不因為得涵蓋範圍廣泛之工業 4.0 跨領域內容,而特別艱澀難以了解。因此,此書相當適合不同製造業者與從業人員參考,以建立正確的工業 4.0 概念與做法。

此外,本書也適合就讀大專院校的學生,幫助他們了解與認知未來他們所要面臨的工業 4.0 製造環境。當然也適合從事智慧製造相關之產官學研先進參考,或許會如我一樣在讀過以後,對工業 4.0 有更深的了解、體會與啟發。

推薦序
工業 4.0 是未來十年重大產業機遇

劉克振（研華科技董事長）

　　本書作者就工業 4.0 對未來產業的長期影響提出了精闢深刻的剖析，我認為十分值得讀者認真地學習體會。我個人讀了這本書後確實獲益良多。

　　我所經營的研華科技在工業 4.0 已有了深刻的承諾。公司的一個事業群即是專注在以工業 4.0 為願景的智慧工廠領域深耕經營。

　　幾年來的體會，我認為工業 4.0 是台灣產業乃至大中華地區產業鏈的重要機會，因為大中華地區的現在乃至未來仍會是世界製造中心，此地區各種產業齊全，上下游產業鏈完整，人才素質及政府、民間企圖心強烈，這些都是工業 4.0 成功的重要因素。

　　工業 4.0 要發展到成熟，雖然遠景已逐漸清楚，但在未來十年還有遙遠的路程，這也是機會之所在。我提出個人見解，認為以下幾項「子產業」的突破發展將會是機會與關鍵：

1. 軟體模組的進化成熟：

　　工業 4.0 需求的軟體模組眾多。在傳統 ERP 軟體下，需要

銜接製造執行系統（Manufacturing Execution System, MES）及供應鏈管理（Supply Chain Management, SCM） 軟體。另外負責前端感知器資料蒐集的監控與數據擷取系統（SCADA）軟體、雲端與現場通訊軟體平台、遠端監控與設備防損軟體平台等，皆為未來的軟體需求。

2. 系統組件供應商的成熟及普及性價格與支持體系：

如機器人、機器手臂、機器視覺模組、自走車（AGV）、各種感知器之智慧化及具備標準通訊乃至無線通訊功能、廠內智慧 Gateway 等。

3. 系統整合商的育成與規模化：

工業 4.0 系統之成功需有高技術、無複雜度的系統整合工程。這項整合工作通常需要有高能力的系統整合商。目前大中華區尚缺乏足夠多、具足夠規模的整合商。

4. 工廠經營主管對工業 4.0 之成熟認知：

這需要政府、學研界、媒體、業者的溝通與教育工作，也需要成功個案的示範來引領潮流。

雖然大中華區在若干重要組件及系統整合技術上，現仍落後於美、歐、日等先進國家，然而重大變革帶來的強烈需求，將形成巨大的地區市場，這片巨大市場將會是投入之業者的機遇與孕育創新創業成功的樂土。我認為 2016 年的此時，正是投入工業 4.0 建設，成為產業鏈貢獻者的最佳時機。

推薦序
擁抱智慧紀元，我看《工業 4.0》

鄭緯筌（台灣電子商務創業聯誼會理事長）

在奇普·希思（Chip Heath）與丹·希思（Dan Heath）所合著的《創意黏力學》（*Made to Stick*）書中，曾談到了 SUCCES 六大要點，這對兄弟提及人們服膺權威，而數字就是一種可信的代表。

繼 Web2.0、銀行 3.0 之後，曾幾何時，工業 4.0 也開始出現在我們的視野。其實在這些數字的背後，不只是代表了版本的更迭，更是許多技術與思維的推陳出新。

嗯，物聯網、大數據、雲端服務還有人工智慧，這些時興的名詞，即便和我們的生活仍有些距離，想必你也不陌生，甚至也能朗朗上口吧！

工業 4.0，或者我們可以將其視為是第四次的工業革命，只不過這回不再只是技術面的突破，還有數位化進程與傳統思維的顛覆。簡言之，工業 4.0 將大幅改變人們的知識技術創新方式，也會顛覆我們對於智慧聯網的想像。

回顧歷史，工業 4.0 一詞最早是在 2011 年的漢諾威工業博覽會所提出。2012 年 10 月由博世（Bosch）的塞爾格弗瑞

德 • 戴斯（Siegfried Dais）博士及利奧波第那科學院的孔翰寧（Henning Kagermann）組成的工業 4.0 工作小組，向德國聯邦政府提出了工業 4.0 的實施建議。自此，揭開了工業 4.0 的序幕，也讓德國贏得智慧世代的話語權。

不同於前三次的工業革命，人們大量運用水力、電力和資訊技術來提供動力，這回的工業 4.0 強調整合的重要性，將所有與工業相關的技術、銷售與產品體驗統合起來，建立具有適應性、資源效率與人因工程學的智慧工廠，並在商業流程及價值流程中進一步整合客戶以及商業夥伴。

工業 4.0 時代來臨，舉足不前終將被數位浪潮所淹沒，眾所周知，因應變革最好的方式就是大膽地去擁抱它。對國家、企業而言是如此，對我們更是一種必然。新技術和新思維的融合，是帶動第四次工業革命的關鍵，從《工業 4.0》一書中我看到了時代的脈動。

擁抱智慧紀元，就讓我們從閱讀韋康博的大作《工業 4.0》開始吧！

前　言
主導未來數十年的關鍵轉捩點

　　自從人類進入工業社會以來，科學技術發展得愈來愈快，社會型態升級的週期也愈來愈短。第三次工業革命的浪潮問世還不到百年，第四次工業革命的浪濤聲已經不絕於耳。

　　各國對第四次工業革命的稱呼大相逕庭。德國定義為「工業 4.0」（Industry 4.0），歐盟（European Union, EU）各國也使用這個概念；美國表述為「再工業化」或「工業網際網路」（Industrial Internet）；而日本則稱為「工業智慧化」。其實這些不同的名稱都指向同一事物。由於本次工業革命首先肇始於德國，因此本書採用「工業 4.0」的概念。

　　以蒸汽動力應用為主軸的第一次工業革命（工業 1.0），為世界開啟機械化生產之路。第二次工業革命（工業 2.0）不但讓人類學會使用電力，還催生流水生產線與大量標準化生產。以電子資訊技術為核心的第三次工業革命（工業 3.0），促使製造業出現自動化控制技術。已經席捲全球的工業 4.0，又將為世界帶來什麼新變化呢？

首先，工業 4.0 將徹底顛覆傳統製造業的生產方式與商業模式。

工業 4.0 將實現虛擬世界與現實世界的「大一統」。智慧工廠可以透過數據互動技術實現設備與設備、設備與工廠、各工廠之間的密切結合，並即時監測分散在各地的生產基地。智慧製造體系將實現兼具效率和靈活性的大量個性化生產，從而降低個性化訂製產品的成本，並縮短產品的上市時間。產品在生產製造過程中的不確定因素將變得「透明化」。企業將從反應型製造轉變為預測型製造。

其次，工業 4.0 將大幅改變人們的知識技術創新方式。

在不久的將來，人、機器、資訊將被網宇實體系統（Cyber Physical System, CPS）連結在一起。創新 2.0 追求的使用者創新、開放創新、協同創新、大眾創新活動，不再局限於實驗室與工廠之內，而是讓實驗室、工廠直接與使用者端進行密切連結。各行各業之間的界限會愈來愈模糊，產業價值鏈面臨重組的命運。社會各界也將逐步突破傳統的合作方式，在更高的層次上完成無障礙的合作。

最後，工業 4.0 將為人類帶來全方位的智慧生活。

工業 4.0 時代具有個性化、人性化、網路化、智慧化等特徵。智慧工廠成為消費者可以深度參與訂製過程的「透明工廠」。消費者不但能充分享受個性化消費，還能與機器、資訊相互連結，體驗整個生產流程和產品生命週期。智慧工廠將動用產業價值鏈上的所有資源，替每一位使用者「DIY」既貼心又廉價的個性化產品。此外，未來的人們將生活在「智慧城市」中，乘坐智慧汽

車、接受智慧交通系統的導航、購買智慧產品，並且享受人性化的智慧家居生活。如果有什麼需求沒有滿足，只要向智慧工廠下單訂製即可。

從本質上來說，即將來襲的第四次工業革命就是以智慧製造為主導的產業升級，核心內容主要是智慧製造與智慧工廠。當前蓬勃發展的網路經濟，存在著重行銷，輕製造的缺陷。假如不能重視製造業智慧化轉型的核心內容，網路公司很可能會因為產業鏈重組而變得落後。

席捲全球的新一輪工業革命，既為世界帶來許多前所未有的機遇，也大幅衝擊各國的傳統產業。為了擺脫目前經濟發展的弊端，創造新的經濟成長，已開發國家紛紛立足本國國情，推出各具特色的工業 4.0 策略。從長遠的目光來看，如何對待這場新工業革命，將成為各國未來數十年發展命運的轉捩點。

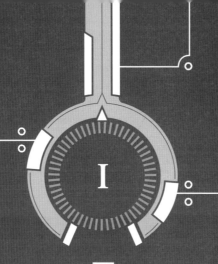

I

工業4.0時代：

即將來襲的
第四次工業革命

　　當人們還在為第三次工業革命的資訊化與自動化感嘆不已時，第四次工業革命已經悄然降臨，並逐步向全世界蔓延。這次的工業革命率先由德國人提出，稱為「工業4.0」。

　　工業4.0最初用於描繪製造業的未來。以電子資訊技術與網路為核心的第三次工業革命（德國人稱為「工業3.0」），為工業4.0時代奠定良好的技術基礎。人類將以網宇實體系統為依託，打造包含智慧製造、數位化工廠、物聯網及服務網路的產業物聯網。憑藉智慧技術的力量，虛擬模擬技術與機器生產得以連結融合，整個生產價值鏈都能完成密切交流。簡言之，工業4.0就是智慧化生產的時代。

　　第四次工業革命的到來，讓好萊塢科幻電影中的某些幻想逐漸化為現實。工業4.0將像網路一樣徹底改變人們的工作與生活，其中既有發展良機，也存在嚴峻挑戰。任何不能根據工業4.0核心精神完成升級的產業與企業，甚至是風頭正盛的網路巨頭，都有可能被新時代的浪潮淹沒。

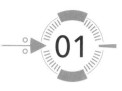

01 — 工業 4.0 的定義與核心特徵

　　根據德國專家的定義，「工業 4.0」指的是以智慧製造為主導的第四次工業革命，或者革命性的工業生產方法。

　　「工業 4.0」一詞最早出現在德國 2011 年漢諾威工業博覽會上。隔年 10 月上旬，由博世（Bosch）帶領的「工業 4.0 小組」，向德國政府提出一套完整的「工業 4.0」發展建議。該小組於 2013 年 4 月 8 日在漢諾威工業博覽會中提交最終報告，正式向全世界提出「工業 4.0」的概念。

　　德國聯邦教育及研究部與聯邦經濟及科技部、德國國家工程與科學學院、夫朗和斐應用研究促進協會、西門子（Siemens）等政、學、商界單位，紛紛對「工業 4.0」表示支持，並聯手將其付諸實踐。

　　德國政府把「工業 4.0」列入《高科技策略 2020》（*High-tech Strategy 2020*）大綱的十大未來發展專案之一，並投入多達 2 億歐元的經費。時至今日，工業 4.0 策略在德國已經取得廣大科學研究單位及產業界的普遍認同。例如，夫朗和斐應用研究促進協會就將「工業 4.0」概念導入下轄的六、七間研究所中，

而世界知名企業西門子也在工業軟體與生產控制系統的研發過程中貫徹這個策略。

由此可見,「工業 4.0」這個概念的誕生,不僅意謂德國將傾力扶植新一代關鍵工業技術的創新,也揭開全球第四次工業革命的序幕。

人類史上的第一次工業革命,以蒸汽動力的使用為主軸,讓英、德等國初步實現機械化生產;第二次工業革命讓人類學會使用電力,而流水生產線與大量標準化生產,也是在這個階段所產生;第三次工業革命以電子資訊技術為核心,工業領域也朝著自動化控制的方向發展,借助數控(Numerical Control)技術與可程式邏輯控制器(Programmable Logic Controller, PLC)的支援,在生產局部環節實現全自動化生產。這為悄然降臨的第四次工業革命,奠定良好的工業技術基礎。

擅長工業製造的德國人,將前三次工業革命分別定義為工業 1.0 時代、工業 2.0 時代、工業 3.0 時代。其中,工業 1.0 時代的特徵是機械製造設備,工業 2.0 時代的特徵是電氣化,工業 3.0 時代的特徵是生產技術自動化。

隨著物聯網的發展與製造業服務化浪潮,德國人敏銳地意識到,未來的生產方式將以智慧製造為主導。這是一個革命性的變化,因此業界以此為標準,提出「工業 4.0」概念。

德國專家眼中的第四次工業革命,是以網宇實體系統做為技術創新的驅動力。透過網宇實體系統創造一個高度智慧化、網路化的社會,把一切資源用物聯網與服務網融合,完成價值鏈在橫向與縱向上的密切整合,最終實現「社會化協同智慧製造」這個革命性的生產模式。

在這次技術革命中,網宇實體系統、數位化工廠、智慧製

造將成為工業 4.0 發展的關鍵。工廠將運用這三個系統來研發新一代的關鍵科技，讓生產成本顯著下降，生產效率獲得大幅提升，同時實現產品形式的個性化與功能的多樣化。在這個基礎上，創新活動的方式將產生較大變化，傳統產業的界限漸趨消失，產業鏈的分工也將面臨重組的挑戰。

根據德國專家的研究，工業 4.0 主要具有三個特徵：

第一，透過價值網路實現橫向整合。

工業 4.0 透過新價值網路把商業模型與產品設計等領域進行橫向整合，從而徹底改變企業的發展模式。

第二，端對端數位整合橫跨整個價值鏈。

在工業 4.0 時代，企業可以實現端對端數位整合。整個產品價值鏈也將實現數位世界與真實世界的融合，滿足客戶日益複雜化的需求。其中，建模技術將在技術系統管理方面發揮至關重要的作用。

第三，垂直整合與網路化的製造系統。

所謂垂直整合與網路化的製造系統，主要指的是智慧工廠。在將來的智慧工廠中，製造結構（包含模型、數據、通訊、演算法）不再是事先固定好的，而是開發一系列資訊技術組合規則，使之根據不同情況，自動生成特定的結構。

上述三個方面，決定工業 4.0 時代的企業能否在瞬息萬變的市場中鞏固自己的地位。工業 4.0 將使得製造業實現迅速、準時、無故障的智慧化生產，隨時跟上瞬息萬變的市場。

德國提出的「工業4.0」策略，以推動製造業智慧化轉型為宗旨。工業4.0發展主要體現為以下幾個方面：

第一，全方位互聯。

西門子、博世與蒂森克虜伯（ThyssenKrupp）三大企業的研究人員表示，工業4.0的核心是萬物互聯。無論是機器設備、生產線、產品，還是工廠、供應商、使用者，都將被一個龐大的智慧型網路連結成一體。

這個智慧型網路由五個部分組成：無處不在的感測器、嵌入式終端系統、智慧控制系統、通訊設施、網宇實體系統。在智慧型網路的覆蓋下，不同的產品與生產設備，甚至是整個「數位世界」與「實體世界」都能互聯成一體。人與機器都可以透過智慧型網路，來保持數位資訊的持續交流。

第二，全方位整合。

「工業4.0」是資訊化產業與工業化產業融會貫通的產物。「整合」也因此成為德國「工業4.0」策略的關鍵字。前述由網宇實體系統控制的智慧型網路，可以實現人與人、人與機器、機器與機器、服務與服務四個層次的全方位互聯。如此一來，整個工業生產就完成縱向、橫向、端對端三個層次的高度整合。

縱向整合主要指企業內部物流、資訊流、資金流、各個部門、各個生產環節、產品生命全週期的整合。企業內部所有因素的密切連結，是一切智慧化轉型的基礎。

橫向整合主要是指不同的企業，借助工業4.0這個價值鏈與物聯網，所完成的全方位資源整合。更通俗地來說，就是企業與其他企業能夠做到全方位密切合作。例如，即時提供各種

產品與服務，聯合進行「研產供銷」，從產品研發、生產製造到經營管理，整個流程都實現綜合整合。總之，各家企業在工業4.0時代需要資訊共用與業務協同。

從某種意義上來說，「端到端整合」是德國專家率先提出的新概念，但是社會各界對這個概念的理解卻有所差異。所謂「端到端」，指的是產業鏈各環節價值體系的重構；「端到端整合」是圍繞產品全生命週期的價值鏈展開。透過工業4.0整合價值鏈上各個不同企業的資源，如創造整合供應商、製造商、分銷商，並讓各自的客戶資訊流、物流和資金流在價值鏈中整合為一體。

第三，精準的即時大數據分析。

德國不同產業對工業4.0的理解各異。例如，有的人認為工業4.0時代的核心是數據。提出這個觀點的是德國機械設備製造業協會與全球第二大雲端公司——德國思愛普（SAP）的專家。在思愛普的資深副總裁克拉斯・紐曼（Clas Neumann）看來，企業對即時大數據的精準度需求，就好比汽車的前擋風玻璃。

在第四次工業革命中，呈爆炸性成長的數據對整個工業體系的價值，遠遠超越之前三個時代的傳統工業生產體系。網宇實體系統的推廣與各種智慧裝置、智慧感測器的普及，會源源不斷地產生數據。這些滲透到整個產業鏈與產品生命週期的巨量數據，正是第四次工業革命的基石。

第四，層出不窮的創新。

從本質上來說，第四次工業革命的轉型過程，正是製造業

全面創新升級的發展過程。製造技術、產品研發、商業模式、產業型態、組織形式等領域的創新,將會變得層出不窮。

第五,全方位與深入性的轉型。

德國幾個產業協會與西門子、博世、蒂森克虜伯等知名企業,在學術探討中指出,推動製造業服務化轉型是第四次工業革命的核心理念。隨著工業 4.0 時代的到來,物聯網與服務網路將全面滲透工業體系的各個角落,將傳統的生產方式轉變為具有個性化、智慧化色彩的產品及服務的生產模式。

傳統的大量客製化(mass customization)將讓位給多元化的個性化訂製。企業之前採用的是生產型製造模式,但是在工業 4.0 時代,將逐漸轉型為服務型製造模式;而依賴廉價勞動力與資金投入的傳統要素驅動模式,將被以創新驅動的發展模式所取代。雲端運算、物聯網等新資訊技術,為傳統的製造業帶來嶄新的產業鏈協同開放創新模式,以及使用者參與式創新。整個社會的創新熱情,將被工業 4.0 徹底激發。

02 — 工業 4.0 的發展策略願景

　　2008 年的金融海嘯，讓歐美先進國家深刻地意識到虛擬經濟的脆弱性。由於製造業長期以來向開發中國家轉移（俗稱「去工業化」），先進國家都出現不同程度的「產業空心化」問題。這是歐洲經濟持續低迷的一個重要原因。而德國憑藉在製造業上的領先優勢，成為歐洲經濟危機中的一枝獨秀。德國政府把工業 4.0 列入《高科技策略 2020》大綱的十大未來發展專案之一，正是為了在第四次工業革命浪潮到來之際，再次搶占時代的先機。

　　德國專家認為，工業 4.0 的夢想可能在二十年內成為現實。由於科技的飛速發展，實體世界與數位世界逐漸融合成一張無所不包的物聯網。這意謂著未來的工業生產方式將會變得高度靈活，產品與服務的個性化訂製能力空前增強，不同企業能在業務上實現密切合作，製造業從生產型製造轉型為服務型製造，從而研發出所謂的混合型產品。

　　除了提出「工業 4.0」概念的德國之外，美國也在積極迎接第四次工業革命的到來，提出「製造業復興」計畫。

美國專家指出，智慧製造領導聯盟（Smart Manufacturing Leadership Coalition, SMLC）正在改變美國製造業的明天。智慧製造領導聯盟是一個非營利性組織，成員包括製造工廠、供應商、高科技公司所組成的生產聯合體，以及高等院校、政府機關、科學實驗室。智慧製造領導聯盟致力於將製造產業鏈上所有的利益關係人整合在一起，共同研發新技術，實施新的工業標準，開放平台並共用基礎設施。總而言之，一切變革都圍繞著製造業智慧化轉型。

無論是德國還是美國，都把打造智慧工廠定為工業4.0策略的重要願景。

據美國《華爾街日報》（Wall Street Journal）報導，德國化工公司巴斯夫（BASF）已經使用智慧化工廠，來製造高度「客製化」的日用品。

巴斯夫的生產線有別於傳統的工業生產線，每件產品的標籤上都安裝智慧晶片（這些智慧晶片記錄不同的數據）。而該產品的「大腦」可以向流水生產線發出相應的指令，如需要向每個瓶內灌注什麼顏色與化學成分的液體肥皂。生產線透過讀取晶片，可以自動調配比例，並選擇個性化的包裝方式。整個生產過程都是智慧化的，只需要員工在中央控制系統裡監控。

儘管是在同一條流水線上，但是智慧工廠卻可以生產出千變萬化的個性化訂製產品。

傳統工業是透過大量標準化生產來降低產品成本、滿足消費者的需求，但這種生產模式最大的缺點就是缺乏靈活性，只能提供單一標準的產品，無法滿足人們多樣化的實際需求。隨著網路經濟的發展，業界又出現個性化訂製的生產模式。個性化訂製雖然能最大限度地滿足消費者特有的要求，但是這種模

式卻難以形成規模效應，從而導致成本居高不下。

智慧晶片，讓一條生產線也能產出多元商品

在工業 3.0 時代，若是無法讓個性化訂製產生規模效應，就會造成企業難以進一步拓展市場，提高使用者的體驗感與滿意度；而工業 4.0 時代的智慧工廠，則讓人們再也不必為這個矛盾而感到頭痛。雖然生產流水線依然是沿用標準化的生產程式，但是貼在每個產品標籤上的智慧晶片，卻可以輕鬆解決個性化訂製問題。工人將不同的個性化需求數據輸入每個晶片中，再由流水線上的機器設備讀取相關數據，並根據事先設定好的智慧程式，自動調整設備的工序。

這個巧妙的創新，出色地解決大量生產與個性化訂製的矛盾。它不僅讓產品的研發更能適應複雜多變的市場，還能大幅降低個性化訂製的成本，同時也改變傳統製造業依賴大量熟練技術工人的局面，讓整個生產流程實現自動化與智慧化。如果沒有這種「智慧生產線」，就不可能建立真正的智慧工廠。

德國把建設智慧工廠視為工業 4.0 策略的核心。智慧工廠的特點是市場適應性極強、資源利用效率極高、符合人體工學要求，而且企業還能透過業務流程與價值鏈，來整合所有的合作夥伴和使用者。這不僅能帶來可觀的經濟效益與社會效益，還可以繼續發揚德國在製造業和工業技術上的傳統優勢。

智慧工廠的技術基礎是智慧製造與網宇實體系統，物聯智慧工廠是透過無線網路來連結工人和機器，讓機器明白要生產什麼與如何生產。就目前而言，包括德國在內的先進國家，都還處於工業 4.0 時代的初期階段。

科技巨頭西門子已經與一些工廠簽訂發展工業 4.0 的計畫。計畫的主要內容是生產「智慧生產線」等設備。拜耳（Bayer）、戴姆勒（Daimler）、BMW 等德國製造業的知名企業，都是西門子的服務對象。連前面提到的巴斯夫智慧工廠，使用的也是西門子製造的「智慧生產線」。

迄今為止，西門子已經耗費二十五年的光陰來研究數位化生產。西門子在德國某市的一間工廠，有 75% 的流水線實現自動化生產。整個生產過程是由 1,150 名員工操縱電腦來控制的。

西門子的一位董事會成員指出：「如果要設計一個全程自動化，並且依靠網路的智慧生產線，還需要大概十年的努力。如果說智慧工廠是萬丈高樓，那麼我們現在已經有了磚頭。」

製造業轉型的最大助力，竟來自網路巨頭

在這場新工業革命中，製造業轉型的最大阻力，或許恰恰來自高度依賴資訊技術的網路巨頭。

做為第三次工業革命的代表性成果，網路席捲包括農業在內的幾乎所有傳統產業，即使是製造業也處於網路的覆蓋之下。在資訊社會中，企業與客戶之間的主要交易管道就是網路。據統計，德國有 95% 的網頁搜尋流量來自搜尋引擎巨頭——Google；也就是傳統製造業想要利用網路完成轉型升級，不得不與網路巨頭合作。

身為工業 4.0 計畫推動者的美國國家工程院（National Academy of Engineering），其專家提醒德國同業：Google 和亞馬遜（Amazon）等網路巨頭壟斷消費者與企業之間的溝通橋梁，德國工業界對此應當高度關注。

如今網路巨頭不再滿足於製作資訊技術軟體，紛紛利用自身的壟斷優勢來推廣產品與服務，而不僅僅製作電子郵件等軟體。就連可穿戴設備、自動駕駛車等智慧化產品，也成為 Google 的發展目標；而亞馬遜也不僅僅止步於賺取網路商城的暴利，無人機物流與實體超市都成為亞馬遜進軍的新方向。

換句話說，製造業在推動工業 4.0 發展時，跨國網路巨頭也正在以自己的方式併吞實體經濟，特別是正在邁向工業 4.0 時代的製造業。對製造業而言，數位化經濟是一塊誘人的大餅，但是光有工業技術優勢，還不足以贏得先機。

工業 4.0 時代的數位化經濟，不光是需要智慧化的工業生產線，還需要用大數據技術來讓企業與客戶的一切資訊最佳化。誰能掌握客戶和產業的大數據，誰就能贏得更多的市場占有率，也就可以把智慧工廠的技術優勢轉化為實實在在的經濟地位。然而，問題是：掌握必要大數據的是 Google、亞馬遜等美國網路巨頭，而不是西門子等以智慧技術見長的德國科技製造業大老。

儘管德國政府對此表示憂心，但是學術界與企業界卻沒有那麼擔憂。西門子的高層人士表示：Google 在網路領域的壟斷地位，並不會對西門子的智慧化生產帶來多少威脅，因為第四次工業革命不是光有大數據就能完成的。西門子與 Google 在未來說不一定會發展成合作夥伴的關係，利用各自的優勢互補，共同推動工業 4.0 建設。

03 — 工業 4.0 即將顛覆哪些面向？

　　傑瑞米・里夫金（Jeremy Rifkin）在《第三次工業革命》（*The Third Industrial Revolution*）一書中描繪的自動化工廠，還在眾多讀者的腦中迴盪。但他沒想到的是，第三次工業革命已經悄悄結束，德國、美國等先進國家早就把目光放在另一個嶄新的時代——第四次工業革命（工業 4.0）。最先提出「工業 4.0」概念的德國工業界，為全世界帶來一個疑問：假如使用物聯網與服務來改造製造業，世界將會變得如何？

　　身為全球製造業最發達的國家，德國用「工業 4.0」策略再次震撼全球。第四次工業革命即將在各國掀起一場風暴。對每個國家而言，融入這次浪潮只是時間早晚的問題而已。先來看看第四次工業革命將會為我們帶來什麼影響。

　　在工業 3.0 時代，先進國家製造業完全實現自動化和透明化的生產流程。當世界進入工業 4.0 時代後，製造業將全面整合「分散式自我組織式」的生產流程與大規模生產技術。換句話說，就是把資訊與實體進行密切結合，一切機器設備都被納入統一的智慧化網路。這個智慧化網路可以根據數據自主調整

生產流程，並且自動修復機械故障，以最有效率的生產方式，製造出多樣化的個性化訂製產品。專家將這個過程稱為「智慧製造」，將擁有這種生產技術的工廠稱為「智慧工廠」。

讓機器與機器對話的智慧工廠

最早提出「工業 4.0」概念的德國，已經有高科技企業為製造業工廠提供智慧生產線。例如，前面提到的西門子智慧生產線。這種智慧製造的生產設備，將被愈來愈多的企業所運用。

我們不妨大膽想像一下智慧工廠的美妙景象：

在一間飛機製造廠裡，各條生產線有條不紊地運作著。工廠裡一個人都沒有，只有造型各異的智慧型機器人。它們不但裝配技術快速嫻熟，還能根據指令靈活改變工作任務。雖然這在工業 3.0 的自動化工廠中也能實現，但不同的是，這些機器人不需經過人工作業就能彼此溝通。

當一個智慧型機器人改變工作內容或裝配速度時，會自行通知下一階段的智慧型機器人做好相應的準備。而產品在投入使用時，其自帶的感測器會自動擷取飛機在運作過程中的各種數據。這些數據會被自動上傳到智慧型網路中，系統的智慧軟體系統可以據此精確分析飛機的各種狀況，甚至預測飛機故障發生的方式與時間，並且即時提出預防性保養方案。如此一來，產品的安全性與使用壽命都將得到大幅提升。

若稱智慧工廠是第四次工業革命的發展重點一點也不誇張，其卓越的智慧製造能力，可以讓工人從機械化的工作中解放。工人無須再將精力浪費在單調的重複勞動中，而是能把更多精力用於研發新科技並尋找新的加值業務。

從更長遠的角度看，第四次工業革命可以讓工廠建構更為靈活的組織形式；工人也可以靈活調整生活方式，為事業和生活尋找一個更合適的平衡點，而這也許是第四次工業革命對人類最重要的貢獻之一。

工業 4.0 更大的意義在於，打破現實世界與虛擬的數位世界之間的界限，將兩個世界徹底融為一體。

德國專家認為，第四次工業革命最主要的驅動力，是一個高度智慧化的產業物聯網（Industrial Internet of Things）。這種產業物聯網依靠大數據分析技術，以物聯網為核心，工廠的生產流程、產品設計、技術研發、使用者服務等各環節，都被納入這個智慧型網路中。人與智慧機器透過數據實現資訊溝通，讓科幻電影中的神奇景象變成活生生的現實。

根據英國牛津經濟研究院（Oxford Economics）的分析報告，產業物聯網應用所產生的價值可以在 20 國集團（G20）的國內生產毛額（Gross Domastic Product, GDP）總量中，占據高達 62% 的比重。而根據美國奇異公司（General Electric, GE）的估算，到 2030 年時，產業物聯網將為全球 GDP 貢獻高達 15 兆美元的產值。工業 4.0 的長遠意義由此可見一斑。

隨著第四次工業革命的到來，世界將在以下幾個方面發生革命性的變化：

第一，工業領域將成為新工業革命的根據地。

在工業 4.0 時代中，工廠不再只是簡單的生產基地，而會進化為網宇實體系統中的「智慧空間」。智慧工廠與物聯網及服務網路的高度融合，讓生產流程中的所有環節都能實現智慧化轉換。工廠的生產、管理、倉儲、行銷、服務透過數位資訊

鏈，連結成一個密不可分的整體。

此外，智慧工廠製造的產品也將獲得自己特有的數位化記憶。例如，前文所述的西門子智慧生產線，就在每個產品中植入一種相當於「黑盒子」的智慧晶片。這個「黑盒子」會自動記錄該產品在生產、維修、回收等環節的一切數據。產品有了數位化記憶，就能與智慧型機器人，甚至客戶進行溝通。

藉由這項技術，個性化訂製產品的生產加工將進入嶄新的階段。人們在這次工業革命中，需要重新思考機器人在工業生產中扮演的角色。裝置各種感測器的智慧型機器人，不需要靠人工作業，而是直接根據產品「黑盒子」中的數位化記憶（指令）來加工產品。

智慧生產線還能自動連結雲端平台，尋找不同的專家。專家只需要提供全套維修技術內容與虛擬工具，而智慧型機器人可以自主思考，運用專家提供的有效資訊來進行自我管理和自我改善。

第二，大數據將改變固有的數據管理方式與顧客關係管理模式。

從某種意義上來說，工業 4.0 時代也可以稱為工業大數據時代。因為按照傳統的生產管理方式，企業的數據分散在各個部門的數據庫中，缺乏橫向連動。決策者想要及時、準確地提取企業各個方面的數據，存在技術上與管理上的困難。而工業大數據的出現，讓企業得以把各部門的數據全部集中在一個雲端平台上。透過雲端平台來充分挖掘各部門數據中的有用資訊，從而建立一個完整的產品生命週期管理（Product Lifecycle Management, PLM）系統。

在產業物聯網中,不僅上游的生產流程會運用到智慧技術,下游的行銷與顧客關係管理環節也會廣泛使用大數據工具。大數據可以深度挖掘各種感測器擷取的客戶資訊,並透過智慧軟體分析出每個客戶的需求曲線變化,從而進一步自動生成最符合客戶當前需求的產品設計與行銷推廣方案。

第三,未來的企業組織會發生深刻變革。

製造業做為發展工業 4.0 的主力,將會徹底革新自己的組織形式。隨著新技術的普及,生產效率極大化,交易成本迅速下滑,那些技術落後、不能適應環境變化的傳統製造業將被無情淘汰。但是,光有技術研發優勢,並不代表企業就可以適應愈來愈變化多端的個性化和人性化市場。

對於那些掌握核心科技的製造業巨頭而言,傳統企業缺乏足夠的靈活性與便捷性。亞馬遜等以零售為主業的網路巨頭,恰恰以善於靈活應對消費者的多樣化著稱。這對首倡工業 4.0 的製造業將是一大嚴峻挑戰。

因此,製造企業將在網宇實體系統等先進技術的支援下,對自己的組織形式進行變革。美國專家預測,未來的企業組織形式可能接近機動靈活的特種部隊,以研發、生產、行銷、服務一體化的小組編制為基本單位,獨立負責各自的業務。而企業高層則是一方面在策略決策環節集權化,另一方面又將戰術層次的決策管理權下放至各個小組,尋求集權與賦權的平衡,實現從指令性管理向合作式管理的轉型。

總之,悄然降臨的第四次工業革命與第三次工業革命一樣,將會徹底改變人類的生產與生活方式。

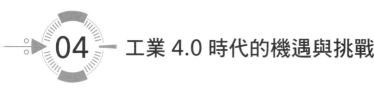

04 工業 4.0 時代的機遇與挑戰

　　從某種意義上而言，工業 4.0 策略是由 2008 年國際金融海嘯所催生。沉溺於虛擬經濟的西方國家在之前紛紛實行「去工業化」策略，把許多製造業工廠設在海外，這導致「產業空心化」問題氾濫成災。金融海嘯讓西方國家重新體認實體經濟與虛擬經濟的關係，於是各國又設法重拾製造業，啟動「再工業化」。與此同時，網路經濟的迅速發展對傳統製造業形成強烈衝擊。如果傳統製造業不能因時變革，就會像過去那樣難以承受虛擬經濟的衝擊。

　　德國的「工業 4.0」策略，就是在這個背景下提出的。為了避免再度陷入「去工業化」的惡性循環中，德國試圖透過建構智慧製造技術標準與智慧生產體系，來全面升級工業生產方式。其傳統製造業正朝著智慧化、網路化的方向轉型，在融入網路經濟浪潮的同時，發起第四次工業革命。

　　工業 4.0 的異軍突起，對全世界所有的製造業大國而言，既是一個實現跨越式發展的機遇，也可能是被顛覆式創新淘汰的挑戰。

　　在工業 4.0 時代，全球供應鏈將得到全面翻新。無論是企業的商業模式還是工廠的生產方式，可說都會發生革命性升級。

　　在網路經濟橫行的今天，消費者需求愈來愈多樣化與個性化，企業再也不能依賴種類單調的大量標準化產品來打動目標客戶。雲端運算等大數據技術的出現，讓企業可以即時了解不斷變化的目標客戶之消費偏好與消費特性，將資源和技術集中用於提供符合客戶個性化需求的產品與服務。

　　但是，要實現這種完全以使用者需求為核心的商業模式，卻存在一個技術瓶頸。傳統的工業生產方式是透過大量標準化生產來降低產品的成本，而以使用者為中心的商業模式，需要的是每個人都獨一無二的個性化訂製產品。這與整齊劃一的標準化生產相互矛盾。因此，個性化訂製產品的成本在工業 2.0 和工業 3.0 時代都很難降低，形成規模效益。而工業 4.0 的技術革命則打破這個僵局，讓「大量生產個性化訂製產品」從夢想變成現實。

　　例如，前面曾提到西門子的智慧生產線，透過在每個產品標籤上貼智慧晶片的辦法，讓生產線中的設備可以根據每個產品晶片中蘊藏的數據，自動改變產品的組裝方式與內容。這種智慧製造的新興生產方式，可以讓多樣化的個性化訂製產品在同一條流水生產線上進行製造，從而將個性化訂製模式的靈活性與標準化生產的規模效應彼此結合。

　　有了工業 4.0 的智慧製造技術支持，企業才能充分利用大數據獲取客戶資訊，製作出滿足所有客戶個性化需求的產品。

　　由此可見，工業 4.0 將進一步釋放企業的發展潛力。這將讓企業的生產流程發生革命性的變化，促使企業把橫向整合與縱向整合加以結合，實現整個生產流程的自動化控制。只有革

新生產流程的管理方式，才能有效管控這種充滿個性化訂製特色的高效率生產方式。與此同時，工業 4.0 時代的企業需要設置更小、更靈活的生產單元，即自主性更高的模組化生產系統，以便適應智慧製造的生產機制與複雜多變的市場變化。

德國夫朗和斐物流研究院的專家指出，第四次工業革命的發展目標是虛實融合。「虛」指的是網路技術構築的虛擬經濟；「實」指的是實體經濟。工業 4.0 透過網宇實體系統將兩者融為一體，這是第四次工業革命的核心內容。

除了傳統的網路以外，方興未艾的物聯網與服務網也是發展工業 4.0 的重要條件。工業 4.0 時代的企業，透過虛實整合系統與多個雲端平台進行連結，這些系統通常設置各種感測器和執行器，可以智慧地感知周邊環境，依據指令與環境進行互動。

總體而言，工業 4.0 帶給中國的商機主要有兩點：

第一，中國提出的「兩化融合」策略（工業化與資訊化的深度融合）與德國提出的工業 4.0 計畫殊途同歸。

中國早已被譽為「世界工廠」，也是網路經濟較為發達的國家，但是中國的製造業依然處於工業 2.0 向工業 3.0 過渡的階段。雖然發展速度驚人，但是尚未成為實質意義上的製造業強國，依然在追趕已經全面實現工業 3.0 的歐美工業強國。而工業 4.0 的異軍突起，卻讓中國有了爭取跨越式發展，在第四次工業革命中縮短與先進國家差距的機會。

第二，工業 4.0 改變傳統的工業生產流程，對產品提出標準化、模組化的要求，為製造業提供更多獲利機會。

到目前為止，中國已是世界上最大的製造國。儘管出口水

準與德國有不小的差距，但是中國製造業仍占據 4.2% 的市場占有率。由此可見，製造業對中國經濟的重要性。假如中國能在此基礎上儘早發展工業 4.0，就能與德國、美國等先進國家一同瓜分新興市場。

當然，任何新興事物都有優缺點，第四次工業革命也讓世界經歷陣痛期。儘管工業 4.0 為工廠與企業的發展提供如同科幻小說般的機遇，卻也使得無數工廠和企業面臨被第四次工業革命淘汰出局的嚴峻挑戰。

相對於更容易快速聚集財富的金融業與依靠網路及現代物流體系的服務業，工業 4.0 對傳統製造業的衝擊更為猛烈，尤其是那些處於工業 2.0 或工業 3.0 水準的傳統製造業。

工業 4.0 的智慧製造與數位化工廠，將逐漸取代工業 3.0 的自動化生產。這將意謂著，效率低下且依賴大量廉價勞動力的低階製造業工廠，會被效率更高且以智慧型機器人完全代替人工的數位化工廠全面取代。

傳統的製造業是透過向開發中國家輸出生產線的方式，來獲取當地的廉價勞動力與廉價資源，以降低產品的生產成本。而在數位化工廠中，無人操作的智慧製造生產模式節省大量勞動力，不僅生產效率遠遠超越過去，產品成本也大幅降低，而將工廠遷移到開發中國家的方式，已經難以產生更多的效益。

如此一來，擁有雄厚科技優勢的先進國家就不需要煞費苦心地遷移工廠到海外，可以安心將製造業留在國內，避免再次陷入先「去工業化」而後又「再工業化」的怪異循環。而那些借助先進國家遷移工廠來建立本國製造業體系的開發中國家，則將失去長期以來的勞動力相對優勢，產業升級速度大幅下滑。在工業科技突飛猛進的今天，這就意謂著徹底喪失未來機遇。

目前，從整體上來看，中國只能算是製造業大國，而不是製造業強國。中國的製造企業大多介於工業 2.0 到工業 3.0 階段之間，離工業 4.0 時代的發展水準還相當遙遠。其主要問題有以下四點：

第一，中國製造業的自主創新能力不強，擁有自主智慧財產權的產品還不夠多。

第二，很多領域的生產技術尚未達到國際水準，產品的品質與技術性較低。

第三，產能雖高，但是耗能也高，資源與能源利用效率較低，對環境造成的汙染較嚴重。

第四，中國製造業的產業結構不夠合理，一方面，低階產品的產能嚴重過剩；另一方面，又缺乏多種高階產品的生產能力。

在第四次工業革命之前，中國製造業還可以憑藉廉價勞動力來獲得讓西方製造業垂涎的低成本競爭優勢。可是進入工業 4.0 時代後，以智慧製造為核心競爭力的數位化工廠，將在生產效率與生產成本上形成對傳統製造業的明顯優勢。以低成本為核心競爭力的中國製造業，將隨之進入「高成本時代」，不得不朝著增加工業附加價值的方向尋找出路。這勢必會導致中國製造業與德、美等國高階產業展開硬碰硬的正面競爭。而已經取得工業 4.0 先機的先進國家，將獲得中國製造業難以撼動的有利地位。

據市場調查顯示，中國當前的自動化市場已經超過 1,000 億元人民幣的規模，占有率達全球市場三分之一以上，可見工

業 4.0 必將成為中國製造業未來的前進方向。假如中國製造業不能順利實現升級轉型，這塊巨大的市場占有率將被德國、美國等製造業強國取得，平白錯失第四次工業革命帶來的跨越式機遇。

05 — 工業 4.0 時代如何淘汰小米科技？

　　網路經濟的高速發展，締造小米手機的創業神話與阿里巴巴的電子商務帝國。媒體在熱炒「網路思維」的概念時，常常以小米手機為範本。小米公司的總裁雷軍也在各個場合宣傳小米「以使用者為中心」的網路思維；阿里巴巴更重視業務擴張與節日行銷。在 2014 年的「雙 11 光棍節」中，阿里巴巴旗下的天貓（淘寶商城）單日交易額高達 571.12 億元人民幣，遠遠超越 2013 年「雙 11」的 362 億元人民幣成交額，刷新全球單日最大購物成交紀錄。

　　這種驚人的發展速度無疑是可喜的，但是隨著先進國家提出工業 4.0 策略，小米與阿里巴巴正面臨史上最大的危機，也就是它們很可能會從網路經濟的領航者，變成工業 4.0 時代的落後者。

　　在小米的網路思維體系中，最引以為傲的是讓使用者直接參與產品研發的運作模式，即透過使用者與研發部門的密切互動，打造出讓使用者驚豔的極致產品。這種新穎的運作模式，讓小米打敗無數實力雄厚的競爭對手。但是，在工業 4.0 時代，小米將不再具有優勢。

如前所述，工業 4.0 編織出一張智慧化的產業物聯網，從研發到生產，再到行銷服務都將實現智慧化。當客戶用智慧手機對企業下單後，產業物聯網就會自動把客戶的個性化訂製需求數據，傳輸到智慧工廠的資料庫。智慧工廠根據收到的數據來自動組織產品設計、原物料加工、組裝生產的環節，再根據智慧客戶關係管理系統生成的方案，將訂製產品交付給消費者。

儘管企業與客戶依然保持深入的互動，但是工業 4.0 時代的智慧工廠可以代替研發人員與客戶進行溝通協商，而客戶也被納入智慧型網路的一環。如此一來，他們就能更輕鬆地得到最符合個人口味的專屬產品，並享有更低的交易成本。

如此一來，小米引以為傲的使用者參與研發模式，將從根本上產生動搖。之所以會出現這個局面，是因為小米的成長模式並不符合工業 4.0 時代的內涵。

從本質上來說，小米的爆發性成長並非源於卓越的技術創新能力，而是在於革新網路行銷模式。這是一種充分利用消費者心理展開的饑餓行銷模式，透過培養忠於小米品牌的粉絲族群進行口碑式傳播，讓目標消費者的購物欲望變得如饑似渴。再加上小米的高層在眾多場合炒熱網路思維理念，使得小米品牌的影響力能夠迅速在市場上蔓延。

但是，以智慧製造為核心的工業 4.0，是以有自主智慧財產權的技術創新為核心競爭力。小米雖然如日中天，但產品的研發和製造往往是照抄他人的技術與創意，缺乏擁有自主智慧財產權的核心技術。一個是以產品的智慧製造為本，一個則是以網路行銷為主導，顯然兩者並不在同一條發展路徑上。

近幾年來，小米的投資涉及眾多領域，特別針對研發製造領域大幅投入。就目前而言，小米還能依靠代工廠的製造能力滿足

客戶需求，利用出色的行銷能力掩蓋自己在技術創新上的不足。

工業 4.0 時代，善於製造將打敗善於行銷

　　然而，在未來的工業 4.0 時代中，客戶需求將變得更加多樣化、複雜化、個性化。工業 4.0 企業可以利用智慧化的產業物聯網大量滿足客戶的個性化需求；而依賴代工廠的小米，卻無法達到同等級的能力，難以挽留消費者。假如小米不及時建立以自身為中心的產業物聯網，培養自己的智慧工廠，就很有可能從此錯過第四次工業革命浪潮。相對來說，華為、中興等更重視自主智慧財產權研發的手機品牌，則可能搭上工業 4.0 的東風。

　　在過去，擅長製造的企業未必比得上善於行銷的企業。無數輕製造重行銷的品牌，在第三次工業革命中發展成稱霸網路經濟的巨頭，讓那些以製造見長的企業望洋興嘆。但是，隨著第四次工業革命的到來，風向可能發生根本的改變。

　　2014 年，阿里巴巴在美國上市，很快成為全世界市值第二大的網路公司。然而，有人聲稱：工業 4.0 要消滅淘寶只需十年；也就是憑藉網路商城起家的阿里巴巴，在工業 4.0 時代裡可能會迅速衰退。

　　目前的中國正處於網路顛覆傳統產業的初步階段，許多傳統產業被迫接受網路改造，而網路公司也將技術優勢的觸角延伸到各個產業鏈的上下游。網路與傳統產業的大整合，是中國網路經濟發展的主要方式。而阿里巴巴做為網路行銷的通路商，借助平台的力量取得空前成功。

　　阿里巴巴模式用網路跨越多個產業，在中國掀起網路零售

業的高潮。這個發展成果無疑相當驚人，「雙11光棍節」的輝煌戰績便足以證明。但是就實際上來說，阿里巴巴和小米一樣，並不是以研發製造為核心競爭力，同樣是立足在以行銷為本位的發展模式，只不過小米主要是經營粉絲經濟，而阿里巴巴則是靠交易平台的力量。

在網路普及的今天，線上購物的電子商務模式比實體商店的交易更加方便快捷。再加上發達的物流體系，阿里巴巴等網路商城可以有效降低成本，擴大品牌推廣力道，讓廣大消費者獲得更優惠的產品。低成本與交易便捷等優勢，是傳統實體商店、製造企業難以與之抗衡的根本原因。

然而，到了工業4.0時代，這種透過削減流通環節（circulation links）來壓縮成本的方式將逐漸失去原有優勢。因為智慧工廠直接省略銷售及流通環節，產品的整體成本（含勞動力成本、原物料成本、管理成本）比過去減少近40%。消費者可以透過產業物聯網直接向智慧工廠訂購個性化的工業4.0產品，略過阿里巴巴這個平台。

當消費者與智慧工廠能便利地直接互動時，阿里巴巴的平台交易優勢和折扣優勢都將不復存在。如此一來，阿里巴巴的命脈就被工業4.0打斷，難以繼續用現有的商業模式獲得成功。

當然，網路公司還掌握一種有力武器——大數據和雲端平台，透過大數據技術壟斷巨量的客戶資訊，即時做出符合目標消費族群的個性化精準行銷。由於工業4.0時代是追求產品個性化及人性化的時代，所以大數據與智慧製造在第四次工業革命中，同樣占據至關重要的地位。

美國國家工程院的研究報告也指出，網路巨頭亞馬遜可能憑藉大數據優勢，對正在邁向工業4.0的製造企業形成阻礙。

　　與亞馬遜商業模式類似的阿里巴巴，也及早建立自己的大數據分析中心與雲端平台，試圖在這個領域贏得先機。問題是：工業4.0時代的產業物聯網建設也包含製造企業的大數據與雲端平台建設。如前所述，無論是智慧工廠的管理經營，還是工業4.0企業的組織結構變革，都離不開大數據的支援。特別是智慧工廠的自主運作，以及產品與智慧機器人之間的相互交流，都需要大數據技術進行智慧監控。

　　儘管目前網路公司還擁有一定的大數據技術優勢，但是隨著智慧工廠的逐步完善，這種優勢將會不斷縮水。製造企業將透過更強大的技術創新能力，建立自己的工業大數據體系，打破通路商對客戶數據的壟斷，與消費者直接進行連結。屆時，阿里巴巴僅有的優勢也將蕩然無存。

　　事實上，小米與阿里巴巴都有一種「無限貼近消費者」的精神。這種以使用者為中心的行銷思維，完全符合網路經濟的內在邏輯，也與工業4.0時代的個性化、人性化特性不謀而合。但是，兩者的發展模式過度依賴行銷通路，並不是以擁有自主智慧財產權的研發能力為核心競爭力，而工業4.0則是以智慧製造來推動技術創新，從而比對手更高效率、精準、便捷、人性化地滿足廣大消費者的個性化訂製需求。假如不能掌握第四次工業革命的優勢，及時轉變發展模式，小米和阿里巴巴在十年內被工業4.0消滅未必是不可能的事。

06 創新 2.0 與工業 4.0

第四次工業革命的到來，不只會讓製造業脫胎換骨，還將促使世界加速進入創新 2.0 時代。

所謂創新 2.0，指的是第二代科技創新模式。傳統的科技創新模式（創新 1.0）肇始於專業科學研究工作站的實驗室，然後由社會各階層的使用者被動地應用技術創新成果。而在創新 2.0 時代，使用者不再只是被動接受科學研究單位的創新成果，而是借助共同創新平台，甚至直接參與技術創新過程；也就是最終使用者將在新技術研發與推廣的整個過程中，扮演更主動的角色。

在創新 2.0 時代中，社會全體成員都將共同參與創新活動，從而形成真正的知識社會。如果說「技術」是創新 1.0 的出發點，那麼創新 2.0 的出發點就是「人」。根據〈複雜性科學視野下的科技創新〉一文的論述，創新 2.0 具有以下幾個特徵：

第一，以使用者為中心，完全圍繞著使用者需求來創新技術。
第二，以社會實踐為舞台，技術創新成果將得到廣泛的應用。

第三，以共同創新、開放創新為特點，將全社會都納入創新機制中。

創新 2.0 的精髓是現實生活場景下的使用者體驗，而提升使用者體驗無法離開使用者參與。物聯網的發展為創新 2.0 提供必要的基礎設施。在物聯網的支持下，使用者將與政府、產業、學校、研究機構共同進行技術創新。而第四次工業革命的到來，將進一步激發全社會的創新能力。以智慧製造和資訊與通訊科技為憑藉的物聯網，將使用者與智慧工廠連結成一體，讓每個人的創意都能便利地轉化為技術創新成果。

工業 4.0 的誕生推動創新型態的升級，知識社會也由此逐漸形成。

隨著新一代資訊與通訊科技的發展，Facebook、LINE 等網路社群工具顛覆人們的傳統生活及工作模式。連工業生產流程與企業管理模式，也隨之發生重大變化。在現今的資訊社會中，資訊的傳遞與知識的推廣遠比過去更為便利。知識經濟正在逐漸成為各國的核心發展領域。

知識社會的創新活動是開放的、協同的、大眾化的。個體的創造潛力將被充分挖掘，使用者的個性化需求也將受到更多的關注。因此，創新 2.0 時代的核心理念是「以使用者為中心」。透過開放的平台與知識共用，促進社會各個領域的創新活動。

從根本上來說，創新 2.0 的源頭是知識社會的內在發展需求。不斷完善的創新 2.0，又反過來帶動物聯網、大數據等先進技術的發展，為第四次工業革命注入活力。

儘管兩者的內涵與應用各不相同，但是創新 2.0 與工業 4.0 都在追求全方位的創新。在未來的社會中，無論是科學技術還是

商業模式，無論是生產組織型態還是消費生活方式，都將被創新2.0 與工業 4.0 徹底改變。

共同帶動知識社會的創新 2.0 與工業 4.0

　　人類在以資訊技術與自動化生產為核心的工業 3.0 時代，創造了虛擬的網路世界。這個虛擬世界將龐大的地球連結為一個「地球村」，促進現實世界的全球經濟一體化。因此，網路技術和網路經濟的高速發展，堪稱催生出創新 2.0 與工業 4.0。

　　隨著第四次工業革命的降臨，工業 4.0 將把虛擬世界與現實世界徹底融為一體，人、機器、資訊將被網宇實體系統連結在一起。創新 2.0 追求的使用者創新、開放創新、協同創新、大眾創新活動不再局限於實驗室和工廠，而是讓實驗室、工廠直接與使用者端進行密切結合。各行各業之間的界限將會愈來愈模糊，產業價值鏈將面臨重組。社會各界也將逐漸突破傳統的合作方式，在更高的層次上完成無障礙合作。

　　有別於傳統工業社會集中式控制的組織型態，工業 4.0 時代的生產組織將變得分散化，編制更為小巧靈活，但是協作能力遠勝於之前的「集中式控制」型態。企業以若干個研發、生產、行銷、服務一體化的精實小組為生產單位，讓它們獨立負責各自的目標市場，這與創新 2.0 時代的知識社會更注重個性化需求的內在邏輯完全相符。

　　從本質上來說，創新 2.0 的「一切以使用者為中心」是「以人為本」的精神在新時代的體現，市場也因此變得更加注重個性化與人性化。使用者的消費者主權意識將不斷增強，對個性化消費的需求也水漲船高。

　　而工業 4.0 的智慧製造與智慧工廠，也同樣貫徹以人為本的精神。例如，智慧生產線就是為了解決大量標準化生產和多種類個性化訂製之間的矛盾而誕生。

　　大量標準化生產是藉由生產效率來降低產品成本，而個性化訂製則是透過增加產品附加價值來提高效益。所以，在工業 4.0 時代之前，企業不得不面對「魚與熊掌」的選擇。企業為避免生產效率降低，會減少個性化訂製業務。而對消費者來說，只有個性化訂製才能滿足個性化消費需求，標準化產品只是一個退而求其次的選擇。

　　隨著智慧型機器人與數據交換系統等技術投入應用，讓同一條流水生產線能夠輕鬆解決大量、多種類個性化產品的製造問題。智慧生產線上的每個設備透過數據交換來「溝通」，不需人工作業就能自主調整個性化生產的內容。智慧生產線可以一次加工大量的個性化訂製產品，讓企業可以魚與熊掌兼得，消費者也能以更低的價格，買到中意的個性化產品。

　　從這個意義上說，工業 4.0 是創新 2.0 時代特有的工業創新模式。假如沒有工業 4.0 強而有力的技術支持，創新 2.0 的概念可能只是一座海市蜃樓。除此之外，工業 4.0 也是知識社會完成全面智慧化升級的必經之路。以創新 2.0 為標準的知識社會，必將廣泛應用工業 4.0 的成果，否則就無法實現創新形式的革命性轉變。

　　工業 4.0 對知識社會創新形式的影響，主要體現在以下三個方面：

第一，開放創新。

　　工業 4.0 時代的創新活動，將從設計領域延伸到產品的行

銷、生產、服務、回收等全部環節，也就是貫穿整個產品生命週期，這將促使製造企業轉變商業模式，以及與其他企業之間的合作模式。這種模式創新具有更高的開放性，可以確保產業價值鏈上的所有相關方（包括使用者）都能公平共享利潤。擅長技術創新的中小企業，可能成為工業 4.0 智慧化生產的主要受益者。

第二，協同創新。

知識社會的協同創新，包含企業內部協同與企業外部協同兩個層次。工業 4.0 時代的企業內部協同方式，讓工人可以遠離流水線工作。工人透過虛擬視覺化與數據交換技術觀測智慧型機器人的運行。他們會獲得高度的自主管理權，能夠更靈活地安排自己的工作。工作環境與工作方式的革新，讓智慧工廠的生產過程接受更多不同文化程度和社會環境的人參與。這種協同式工作模式，可以激發出更多人的創意。

企業外部的協同方式，主要是透過資訊網路來整合產業價值鏈上不同企業的資源。在物聯網的技術支援下，各企業之間可以達成密切合作，大幅降低工業生產週期，為共同的客戶群體提供個性化產品與即時服務。

第三，使用者創新。

網宇實體系統可以把所有參與智慧生產的人、原料及機器連為一體，並提供安全便捷的全方位服務和應用業務流程。如此一來，最終使用者就能輕鬆參與產品的設計流程及服務的回饋過程，確保個性化產品的客製化生產完全符合使用者需求。

隨著個性化消費逐漸成為市場主流，產品也將從追求標準

化轉變為追求個性化。工業 4.0 讓未來的產品完全遵循消費者的個人興趣來生產，甚至在更極端的情況下，使用者可以全程參與智慧生產線的個性化商品製造。而且使用者不僅可以參與生產流程的兩端，還能親身親歷整個價值創新過程。

總之，工業 4.0 與創新 2.0 都是人類向智慧社會、知識社會進步的重要工具，兩者既有區別又相互連結。創新 2.0 可以為工業 4.0 提供變革的指引，而工業 4.0 可以為創新 2.0 提供技術支援。從這個意義上說，第四次工業革命浪潮正是順應創新 2.0 時代的產物。

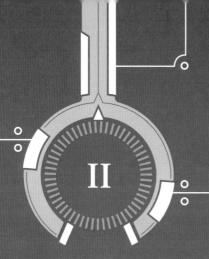

II

工業4.0的思維方式：
顛覆全球製造業
的新思維

　　為了能在第四次工業革命中贏得先機，先進國家紛紛提出自己的工業 4.0 策略規劃。雖然每個國家的發展路線圖大相逕庭，但是在搶占高科技先機的目標上卻又殊途同歸。

　　開始於製造業的工業 4.0 思維，是對傳統工業思維的顛覆。從根本上來說，第四次工業革命是透過升級工業製造技術，來推動人類在生產方式、商業模式、生活方式等領域的徹底變革。

　　在這場以智慧化為主軸的時代洪流中，虛擬世界與現實世界的分野將變得愈來愈模糊，最終走向「大一統」。智慧工廠可以透過數據交換、虛擬視覺化等技術，實現設備與設備、設備與工廠、工廠與工廠之間的密切結合，並即時監測分散在各地的生產基地。在智慧生產線的幫助下，未來製造業將實現兼具效率和靈活性的大量個性化生產，從而降低個性化訂製產品的成本，並縮短產品的上市時間。消費者不但能充分享受個性化消費，還能與機器、資訊相互連結，體驗整個生產流程與產品生命週期。

　　當前蓬勃發展的網路經濟存在著重行銷輕製造的缺陷。假如不能掌握工業 4.0 的脈動，網路公司就可能會在產業鏈分工重組的大趨勢中逐漸落後。

07 — 先進國家如何搶占科技先機？

　　每一次工業革命都會改變世界格局。例如，英國借助第一次工業革命的力量，在全球各地建立殖民地。美國則在第二次工業革命中脫穎而出，並將領先優勢保持到第三次工業革命。從某種程度上說，這場發端於德國的第四次工業革命，讓所有的先進國家與中國等正在崛起的開發中國家，站在同一起跑線上。如果能抓住這次劃時代的良機，開發中國家也許能實現跨越式發展，而先進國家也能將競爭對手遠遠甩在身後。

　　因此，搶占工業 4.0 的先機已成為眾多先進國家的主要策略。例如，科技業最完善的美國與德國，在這次工業革命中扮演著先驅的角色。

　　美國《先進製造國家策略計畫》（*Ensuring American Leadership in Advanced Manufacturing*）讓美國重新定義生產價值鏈。與德國不同的是，美國將第四次工業革命的核心，定位為融合製造與服務為一體的「工業網際網路」。

　　「工業網際網路」革命的宣導者是世界上最大的技術與服務供應商──奇異。奇異一直採取多元化經營策略，在多個領域都

具有世界領先水準，它既有雄厚的技術基礎，又掌握多產業的行銷管道，這讓奇異具備建構「工業網際網路」的強大實力。

奇異提倡的「工業網際網路」與德國人的「工業4.0」大同小異。透過人、數據及機器設備之間的密切連結，組成一個具有高度開放性的全球工業網際網路。這個網路與德國人提出的「產業物聯網」的內涵，都超越工廠生產流程，甚至製造產業本身。工業網際網路不僅囊括航空、能源、交通、醫療等工業體系，還涵蓋整個「產品生命週期」的價值鏈。

在奇異看來，「工業網際網路」的價值主要有三點：

首先，有效提高資源利用率，降低生產成本。

工業網際網路借助大數據技術來獲取使用者資訊，再用智慧軟體分析其消費偏好，從而精準地掌握其個性化需求。精準生產與精準行銷避免資源和能源的浪費，降低生產成本。

其次，在一體化的工業網際網路中，工業設備的維護效率將大幅提高。

美國也把發展智慧工廠視為工業網際網路的一項重要內容。工廠的設備與產品可以自動進行溝通，然後將相關數據上傳到企業的雲端平台，以便更快、更準確地發現問題所在，並提出經過最佳化的維修方案。

最後，最佳化生產管理流程，提高企業營運效率。

工業網際網路透過產品生命週期管理系統，控制產品的設計、組裝、行銷、回收等全部過程；透過網宇實體系統將數位世界與現實世界連為一體，打破企業和客戶之間的壁壘。這將

使得企業的生產、管理、營運效率獲得空前提升。

美國的「工業網際網路」策略，致力於打破「智慧」與機器的邊界。奇異曾經在報告中預測：假如「工業網際網路」能讓美國企業的生產率每年提高 1% 到 1.5%，那麼在未來二十年中，美國人的平均收入水準將比現在提高 25% 到 40%。

倘若其他國家的生產率成長速度能達到美國的一半，工業網際網路將在二十年間為全球 GDP 貢獻 10 兆到 15 兆美元的成長金額，這好比新建一個與美國同等規模的經濟體。

相對於德國的工業 4.0 策略，奇異的「工業網際網路」更具美國特色。德國向來以精良、完善的「硬性」製造能力享譽全球，而網路經濟發達的美國更注重發展軟體、網路、大數據等「軟性」服務能力。德國人的著眼點主要是智慧製造等工業科技領域，而美國人的「工業網際網路」則是利用網路技術來顛覆工業領域的傳統模式，兩國的發展重點不同。

做為工業 4.0 的先驅，德國對第四次工業革命的研究水準與投入力道，絲毫不遜於綜合國力最強的美國。

德國夫朗和斐應用研究促進協會的勞動經濟和組織研究所（IAO）認為，工業 4.0 的重心在於工業領域的智慧製造。其技術難題在於網路設備的智慧化水準足以進行即時數位化溝通。不僅是設備與設備，設備和人（客戶）也能進行即時的數位化交流。與此同時，工廠的生產流程將透過虛擬成像技術變得視覺化與可控制化。否則，就不足以稱為智慧工廠。

第四次工業革命對於德國乃至整個歐洲，都是一個重新崛起的機會，這也是歐洲各國紛紛回應德國工業 4.0 概念的主要原因。

除了德國之外，歐洲各國都在國際金融海嘯中陷入蕭條，產

業空心化問題嚴重,失業率激增。特別不利的是,工業基礎優良的歐洲在網路經濟裡面臨美國與中國等大國的雙重夾擊。

歐洲如何從工業 4.0 浪潮重拾優勢

歐洲缺乏美國 Google、亞馬遜及中國阿里巴巴這樣的網路巨頭,也缺乏蘋果(Apple)、微軟(Microsoft)等軟硬體的頂尖企業。例如,曾經全球銷售量第一的諾基亞(Nokia),被蘋果、三星(Samsung)等公司超越後遲遲無法振作,最終被微軟以約 54.4 億歐元的價格收購。這可以說是處於夾縫中的歐洲企業的命運縮影,但是工業 4.0 的問世改變了這個不利局面。

儘管在網路技術上並不占優勢,但是工業在歐洲國民經濟中始終占據主導地位。例如,德國工業在經濟結構中的比重高達 24%,歐盟則為 15%,而在世界最大的工業國——美國,工業僅占國民經濟的 12%。這意謂著歐洲在工業領域有著得天獨厚的競爭力。

歐洲工業體系完善,科學研究能力出色。儘管中國已經成為「世界工廠」,但是在高階領域的生產技術仍與歐洲有較大差距。就算是以網路技術起家的美國高科技巨頭,也非常希望將歐洲傳統的製造業力量,納入「工業網際網路」體系中,透過優勢互補,搶先占據第四次工業革命的高科技先機。

為了重新崛起,整個歐洲都試圖傾盡全力把握這次良機。不僅德國把「工業 4.0」列入《高科技策略 2020》大綱,歐盟也適時提出「新工業政策」。歐盟委員會(European Commission)表示:在歐盟各國提高對先進技術創新的投入,革新科技創新體系,並優先發展六大未來關鍵技術及產業。

歐盟為支持企業創新活動，頒布一系列計畫與優惠政策，例如依照歐盟凝聚政策（EU Cohesion Policy）的資金，將優先用於改善歐洲中小企業的競爭力。歐洲投資銀行的大部分中長期額外貸款，也將服務於中小型企業的技術創新或提高資源利用率等領域。

除此之外，歐盟還致力於升級基礎設施，以迎接第四次工業革命的到來。

例如，歐洲發展網路產業的重要阻礙之一，就是網路速度較慢，這是歐洲的區域性劣勢。韓國的高速寬頻普及率為94%、瑞士的普及率比韓國少3%、法國和義大利的高速寬頻普及率分別為69%與57%。而工業科技最發達的德國，也只有75%的普及率。網路基礎設施不完善，不僅讓歐洲在網路經濟競爭中落後於美國，也被新崛起的中國超越。

若想完成智慧化的產業物聯網，歐盟不得不下功夫重建基礎設施。智慧電網也剛好是「新工業政策」六大優先發展產業之一。根據歐盟委員會的部署，到了2020年時，歐盟將投入600億歐元於各成員國建設智慧電網，這個數字到2035年時將成長至4,800億歐元。

毫無疑問，歐美先進國家在努力搶占高科技先機的過程中，無疑將率先遭遇第四次工業革命帶來的衝擊。許多行業和產業也將會因為缺乏科技而被淘汰出局。優勝劣敗也是歐美建立「產業物聯網」或「工業網際網路」的必經之路，但是做為先驅的先進國家將會比開發中國家更早把握這次工業革命帶來的發展良機，將全世界的新興國家遠遠甩到身後。

08 — 虛擬全球將與現實全球相互融合

伴隨著網路媒體的普及化，現實社會的資訊幾乎被完整複製到虛擬世界。曾經涇渭分明的虛擬世界與現實世界，已經被各種各樣的網路平台打通。人們的社會生態圈與社交模式不僅發生巨大變化，就連工業生產方式和商業模式也試圖在實現線上與線下的密切結合。由此可見，無論是網路公司或傳統製造業，都已無法逆轉虛擬世界與現實世界相互融合的必然趨勢。

人們參觀植物園時，往往是透過簡介告示牌與工作人員的解說來認識各種植物。這種傳統的諮詢方式已經變得落伍，在工業4.0時代的植物園中，每種植物上都會懸掛著「植物二維條碼」。遊客只需要使用移動智慧裝置掃描「植物二維條碼」，不必再親自搜尋網頁，全球圖書館裡的相關資訊就會被自動傳輸到智慧裝置中。這種高度資訊化的知識傳播方式，便是虛擬世界與現實世界的一種簡單結合形式。

隨著第四次工業革命的到來，人類將進入高度智慧化的生活。所有領域都會被納入工業網際網路體系中，虛擬世界不再是獨立於現實世界的「駭客帝國」，而是與現實世界完全融為一體。

毫不誇張地說，從線上到線下、世界的這一頭到那一頭，沒有網路經濟與工業4.0覆蓋不到的角落。

普及化的網路媒體只是融合虛擬世界與現實世界的第一步。當以智慧工廠與智慧製造為主的工業4.0體系普及時，資訊技術和工業生產將會徹底融合，產生涵蓋兩個世界的智慧商業模式。

最早提出「工業4.0」概念的專家，德國國家工程與科學學院院士克里斯多夫‧梅內爾（Christoph Meinel）認為，智慧化工廠與物聯網可以為人類打造一個智慧城市。每個人的家庭內部設施和城市的交通路線都能實現智慧化。與此同時，資訊技術還將幫助智慧工廠改變生產流程和能源利用方式，解決工業生產與環境保護的矛盾。

在梅內爾看來，由數位構成的虛擬世界與現實世界是相互連結的。儘管差異很大，但虛擬世界本身就是現實世界的投影。透過這些影子，可以看到兩個世界實際上是相互依存的。

工業3.0時代的網路技術，已經初步將兩個世界連通，但是卻還遠遠不夠。我們現在只能從虛擬世界中觀察到現實世界的一部分，也就是兩個相互連結的世界尚未真正融合在一起。當前的數位技術還遠遠不能完整顯現現實世界的一切。

到了智慧化技術更普及的工業4.0時代，大家便能見證一個內容更豐富的虛擬世界。經過智慧化升級的虛擬世界，可以更為真實反映現實世界的種種變化。例如，消費者透過智慧型網路做到即時體驗智慧工廠的設計、生產、包裝、配送流程，整個產品的生命週期都將透過虛擬視覺化技術與智慧型網路呈現在消費者眼前。

在2014年舉辦的上海國際工業博覽會中，不少觀眾第一次

見識工業 4.0 的實物展示——智慧生產線。在場的一位觀眾發出「我要一枝紅色原子筆」的信號，智慧生產線上的其中一個藍臂機器人，馬上就從一堆原子筆中準確地拿出一枝紅色原子筆，並且放進一個銀色托盤中。緊接著，一台自動導航的黃色小車立刻自動接過銀色托盤，而後將其運送到那位觀眾的手中。

除了消費者選擇下單之外，其他的環節並沒有人工作業，一切流程都是由智慧機器人自動完成。未來智慧工廠裡的智慧生產線，大致上就是按照這種方式來進行智慧化生產。

按照德國專家制定的工業 4.0 計畫，未來的工業生產形式具有三個主要特點：

第一，以生產要素高度靈活配置為基礎的大量個性化生產，既能滿足個性化訂製需求，又能保證大量生產的高效率。
第二，客戶和企業的合作夥伴廣泛參與整個業務流程與價值創造過程，製造業不再像過去那樣封閉。
第三，智慧生產與高品質個性化服務的整合，讓整個價值鏈融為一體。

德國的工業 4.0 標準化路線圖是由德國電氣電子與資訊技術協會發布，內容集中呈現在《實施「工業 4.0」策略建議書》裡。《實施「工業 4.0」策略建議書》認為，製造領域中的網宇實體系統可被定義為「工業 4.0」，因為這個系統把虛擬網路世界與實體物理世界融合在一起，整個生產製造流程和物流配送過程都被囊括在內，由此實現智慧化生產與以資訊技術為基礎的端對端整合。

對製造業來說，虛擬世界與現實世界的融合，就意謂著生

產的「一體化」。

　工業界專家描繪的景象十分動人。大數據等網路技術將不同的生產設備連結為一個整體。在這個基礎上，工廠內部的所有生產線及其他設備也能連結為一個整體，甚至不同的工廠也都被這個智慧型網路整合為一個整體。這種工業設備生產數據高度互動的「一體化」生產模式，已經在德國成為現實。

　歷史悠久的製造業知名企業卡爾・蔡司（Carl Zeiss），就曾經在歐洲工具機展上推出一套工業數據交換系統——PiWeb。

　PiWeb 系統能有效地實現工業大數據的互動與共用。跨國公司可以借助這套系統，隨時共用分布在不同地區的工廠之監測數據。生產經理不必等待各個分廠提交報告，坐在辦公室裡就能同步監測全世界每一個分廠的情況。據悉，賓士（Mercedes-Benz）與福斯（Volkswagen）這兩家德國知名汽車製造商，已經開始用PiWeb 系統來進行生產管理。

　前文說過，人們只能從虛擬世界中觀察到現實世界的一部分。在數據交換系統不完善的年代，跨國公司根本無法實現同步監測全球的每一家子公司或分廠。因為各個分廠的數據無法及時上傳到雲端平台中，生產經理看到的數據只能反映分廠的部分情況，而不足以還原現實世界的全貌；也就是虛擬世界裡的跨國公司情勢與現實世界中不盡相同。如此一來，人們就無法透過控制虛擬世界來掌控整個現實世界。

　隨著第四次工業革命的到來，企業可以輕鬆借助智慧化工具來掌控複雜多變的現實世界，虛擬世界就是連通全球各國、各地區、各企業、各工廠，以及各消費者的高速管道。

掌控虛擬資訊就能掌控實體情勢

融合兩個世界的宏偉目標，離不開工業 4.0 的關鍵技術——資訊與通訊科技。

資訊與通訊科技不僅是電話與網路，還包括多種工業技術。例如，負責自動協調各個連線設備的機器對機器系統（Machine to Machine, M2M）、擁有智慧分析功能的大數據技術、企業資源規劃系統（Enterprise Resource Planning, ERP）、產品生命週期管理系統、供應鏈管理系統（Supply Chain Management, SCM）等領域，都是資訊與通訊科技系統的重要部分。工業 3.0 時代的自動化，僅僅是在生產技術中使用到資訊與通訊科技；而在工業 4.0 時代，資訊與通訊科技將被運用到所有的領域。

資訊與通訊科技把智慧軟體、感測器及通訊系統整合成實體網路系統。正是憑藉這個無所不通的「神經網路」，虛擬世界與現實世界的界限才變得愈來愈模糊。

無論是網路公司對傳統產業的大規模兼併，還是製造業的數位化與虛擬化潮流，都在向人們宣告未來的世界將是虛擬和現實一體化的世界。任何不能正視這個發展趨勢的國家，都有可能會在第四次工業革命中被競爭對手大幅超越。為此，西方先進國家紛紛全力推動虛擬世界與現實世界的融合。

例如，奇異在 2012 年就提出發展「工業網際網路」計畫。工業網際網路把工業設備與資訊技術融合在一起，完全符合兩個世界一體化的概念。日本不少高科技公司也在開發 M2M 系統與大數據應用，試圖趕上工業革命的浪潮。

總之，工業 4.0 是一次由資訊技術與工業製造技術相互促成的科技革命。數位化技術將貫穿於整個產品生命週期，從研

發設計到生產線，再到物流服務，虛擬生產與現實生產被工業 4.0 連成一體。

可以預見的是，戴上智慧 3D 眼鏡就能直接參觀的虛擬智慧工廠，並用眼鏡控制智慧生產線的神奇景象，在不久的將來就會變得愈來愈屢見不鮮，屆時虛擬世界與現實世界就會真正進入「大一統」時代。

09 — 人、機器及資訊互相連結的世界

美國資深媒體人凱文‧凱利（Kevin Kelly）在《失控：機器、社會與經濟的新生物學》（*Out of Control*）一書中，對幾年後的世界做出大膽的預言。雲端運算、物聯網、敏捷式開發（Agile Development）等與第四次工業革命相關的內容，也在該書中不斷出現。

他有一個有趣的觀點：大量遵循簡單規則行動的個體之間的互動，會讓整體演變出極為複雜的狀態，而這種整體上的複雜程度是任一個體都不具備的。舉例來說，大量簡單的神經元可以構成功能複雜的大腦，但大腦的複雜程度卻是任何一個神經元都無法比擬的。

工業 4.0 中「智慧工廠」與凱利的論斷不謀而合。分散的各個智慧化生產設備，被數據互動系統連結起來後，就構成高度智慧化的有機體——智慧工廠。而在不久的將來，人、機器、資訊不再彼此孤立，而是被連結成一個功能複雜的智慧化整體。智慧工廠就是連結三者的最主要平台。

　　西門子認為，智慧化工廠是以機器人自動化為基礎。若要實現這一點，數位控制系統必須操作簡便、功能全面，把生產設備與工廠加以融合，並且能高效率地完成各種數據的蒐集和分析工作。如此一來，才能實現機器人與生產線之間的密切整合，讓生產線變得更加智慧化。

　　智慧工廠透過數據交換來實現資訊、機器、人之間的溝通。例如，上海國際工業博覽會展出的智慧生產線，使用者只需要根據功能鍵輸入「需要一枝紅色原子筆」的資訊，之後的生產與物流便會根據這個要求，由不同的智慧型機器人自動完成。

　　在過去，機器人大多是按照人的指令來行動，只能自動化處理簡單任務。機器人與機器人之間也只能按照預先設置好的程式進行配合，而無法自主判斷消費者的要求。換言之，機器與機器之間無法有效交流。而在工業4.0階段，智慧型機器人不但可以識別人們提出的需求資訊，還可以與生產線上的其他機器人進行數據交換，迅速改變整條生產線的設置。因此，把人、機器、資訊融合為一體，才是實質意義上的智慧化生產。

　　從這個意義上來說，工業4.0是一個「人性化科技」大行其道的時代。

　　隨著大數據技術的廣泛運用，企業可以準確地從巨量數據中分析出每個消費者的需求與偏好，並在此基礎上製造出個性化產品。最符合消費者需求的個性化訂製模式，將成為企業的主要發展方向。為了適應個性化生產的要求，網路公司把「去中心化」視為「Web 2.0」時代的核心；而製造業也將顛覆傳統「集中式控制」的組織形式，推廣更加靈活的「分散式增強型控制」組織形式。簡言之，就是「分散化」。

分散化＋一體化＝智慧化生產

生產「分散化」與人、機器、資訊的「一體化」，堪稱智慧化生產的一體兩面。

「一體化」是為了讓企業整合整個產業鏈，特別是讓消費者（人）與機器設備能透過資訊互動，實現全程密切結合，徹底打破企業與消費者之間的溝通障礙。假如不能做到密切結合，企業就無法有效管理「分散化」的生產組織。正如前面提及的跨國公司生產經理，必須藉由連結人、機器、資訊的智慧型網路，來同步監測分散在全球各地的工廠。

傳統的集中式組織便於應對大量標準化生產任務。但是，未來的市場將以個性化消費為主，這就要求智慧工廠能夠大量且多元地生產個性化產品。與此同時，工業4.0時代的市場變化將更難預料。企業的各個生產單位必須提高反應速度。

「分散化」的生產組織，可以讓各式各樣的智慧生產設備快速應對目標市場的變化，還能在必要時化零為整、合作生產。這就是未來市場的大量個性化消費需求，反映到生產端的產物。

這種分散式生產組織會比集中式生產組織產生更龐大的數據。假如工廠的生產設備不能實現全面智慧化，人、機器、資訊三個要素依然處於分裂狀態，企業就無法實現智慧生產和智慧管理。

智慧技術與生產組織形式的變革，必然會引發製造企業商業模式的革命性創新。

製造企業的傳統商業模式，可以稱為「一生一次」模式。長期以來，大部分製造企業都未能與最終使用者直接聯繫，而是透過其他企業所下的訂單來生產。假如接不到同樣的企業訂單，製

造企業與最終使用者之間的聯繫就會斷絕。所以，傳統的商業模式並不是立足在長期維繫同一群使用者，只是依照訂單上的名字做「一生一次」的研發和生產。

雖然製造業處於整條產業鏈的上游，但是大部分的利潤卻被負責行銷的通路商取得。通路商的優勢就在於直接面對最終使用者，掌握最終使用者的需求與各種消費數據。

憑藉對資訊的壟斷，通路商成為製造業與最終使用者的橋梁。這使得製造企業對市場動態的了解始終比通路商慢了一步，處於受制於人的被動局面。因此，掌握通路的虛擬經濟會比以製造業為主體的實體經濟更容易快速累積財富。先進國家過去的「去工業化」浪潮，也是在這個背景下所產生。

歷史一再證明，實體經濟的不景氣最終會導致虛擬經濟的泡沫化。但是，網路經濟的迅速擴張並沒有為實體經濟帶來真正的轉機，反而進一步拉大虛擬經濟與實體經濟之間的差距。網路公司頻頻跨界整合產業鏈上下游，但主要是圍繞著通路展開的升級，並未對製造業帶來太多實質變化。直到工業4.0概念的問世，製造業才開始迎接春天。

工業4.0最直接的意義在於，製造業不僅透過智慧製造完成技術領域的自我升級，還能透過智慧化的物聯網直接與最終使用者密切連結，人、機器、資訊都被納入製造業的「工業網際網路」中。

未來的製造企業將會獲得更多的市場主導權，不再受制於通路商。它們完全可以透過與智慧工廠聯網的客戶關係管理系統與智慧數據分析系統，建立最終使用者的大數據庫，實現設計、製造、服務的一體化。這樣一來，製造企業就能與無數最終使用者建立終身的連結，從傳統的「一生一次」模式轉變為

「一生一世」的新型商業模式，大家都會成為「工業網際網路」中緊密相連且不可分割的重要部分。

全球最大的技術服務與管理顧問公司埃森哲（Accenture），為人們勾勒一個透過數位掃描和數據分析技術連結人、機器、資訊的未來商業模式。

一位消費者在等待地鐵時偶然看到牆上的海報，海報上繪製某生產商推出的多種個性化訂製的生活用品。那位消費者立刻拿出智慧手機，掃描其中五款產品，同時要求當晚送貨上門。該生產商立即從目標客戶綜合數據庫中分析出該消費者的詳細情況和消費習慣，馬上開啟智慧生產線進行加工，並且自動配送上門。

這種將虛擬世界與現實世界完全融為一體的商業模式，無疑能為消費者帶來極致的使用者體驗。而讓使用者體驗更上一層樓，恰恰是網路經濟的核心。假如不能做到這一點，企業將會被不斷產生顛覆性創新的市場所淘汰。

但是，當前的網路經濟還無法達到這種水準，一方面是因為智慧製造技術剛剛興起，尚未成為企業普遍運用的生產工具；另一方面則是若想看到上述場景，需要先滿足以下幾個條件：

首先，生產商能迅速辨識下單消費者的身分，從大數據中心調出相關資訊。

其次，生產商要了解消費者所在的地理位置或環境，否則就無法進行自動化配送。

最後，生產商也要理解消費者的個性化需求，必要時還得了解其身邊相關人士的觀點。

如果生產商無法做到上述三點，就稱不上與最終使用者建

構緊密連結，智慧工廠的技術創新優勢也就無從發揮。說到底，這還是要求製造企業能透過工業 4.0 將人、機器、資訊連結為一個整體。唯有如此，消費者才能享受到用智慧手機掃描一下，就能坐等個性化訂製產品上門的智慧化生活。

10 — 個性化生產與消費的時代

　　從本質上來說，科學技術的發展是一個不斷解放人的過程。在前三次工業革命中，機器已經把不少人從繁重的體力勞動與簡單的腦力勞動中解放出來。而第四次工業革命的到來，將更進一步地解放人們的創造力，提升大家的幸福感。前一目標憑藉著以智慧製造技術為後盾的個性化生產，後一目標則是透過個性化消費來實現。在工業 4.0 時代，隨心所欲的個性化訂製將成為消費市場的主流，使用者的消費滿足感與生活舒適感將會變得超乎想像。

　　在工業 4.0 時代，人們購買家電產品的方式可能會發生翻天覆地的變化。

　　在沒有網路的時代，消費者或許要到百貨商場逛完整個樓層後，才能買到滿意的物品。而在工業 3.0 時代，人們可以坐在家裡輕鬆完成「貨比三家」的任務，只要動一動滑鼠，就能從網路商城中搜尋出自己感興趣的資訊。行動網路的普及，使得消費者可以在智慧手機上輕鬆完成線上下單與線上支付的流程，只需要等待快遞送貨上門即可。

　　但是，這和真正的個性化消費還有很大的差距，因為消費者只能在各個品牌廠商推出的成品中進行比較取捨。儘管交易方式十分便利，可供選擇的產品種類也十分豐富，但並未從根本上改變傳統的產品研發模式。

　　無論哪一個品牌，產品都是按照某一類消費族群的整體偏好來設計的，而不是完全圍繞著消費者的個性化需求「量身訂作」。然而，真正的個性化消費應該是產品完全圍繞著消費者個人的喜好來設計製造。

　　在過去，消費者只能透過「DIY」（Do It Yourself，自己動手做）來隨心所欲地打造喜愛的個性化產品；如今，工業 4.0 將用智慧工廠代替每個消費者的雙手來「DIY」。

　　未來智慧工廠生產的家電產品，一切都會由消費者決定，無論是家電的尺寸、顏色，還是性能參數與零件類型，都可以按照消費者的選擇進行搭配。工業 4.0 將虛擬世界與現實世界融為一體，消費者將和智慧工廠實現全程無障礙溝通。虛擬視覺化技術讓消費者可以透過智慧工廠的網路目睹整個設計、生產、安裝、運輸流程。你可以像觀看科幻片一樣，見證智慧型機器人如何快速靈巧地把你選好的零組件，一一安裝在個性化訂製的家電上。

　　隨著網路經濟的日益繁榮，消費者對個性化消費的期盼也愈來愈強烈。儘管家電企業紛紛與網路公司進行跨界整合，但家電產品的「個人訂製」仍停留在想像階段。

　　網路經濟的發展催生「以使用者為中心」的網路思維。但是，就目前而言，網路產業的使用者思維仍然集中在精準行銷。雖然這裡也包含個性化消費的因子，但是沒有大量個性化生產的技術支持，個性化消費時代也無法真正到來。

工業 4.0 的問世，將為個性化訂製模式帶來脫胎換骨的變化。「企業決定產品」的傳統生產方式，將逐漸被「消費者決定產品」的智慧生產模式所取代。這對企業與消費者而言，都將是革命性的變化。

由消費者決定產品的新生產模式

從企業的角度而言，工業 4.0 將消除它們與消費者之間的各種無形障礙。

在網路技術普及之前，企業最頭痛的是無法準確地掌握市場動態，廣大消費者的需求難以被便捷且高效率地轉化為準確的使用者數據。企業只能採取問卷調查等低效率的方式，來預測市場需求的變化：一方面，消費者總是抱怨產品的功能與種類不能滿足需求；另一方面，企業對消費者的偏好了解有限，難以及時跟進和改善。

更多時候，企業是用類似賭博的方式來推出新產品。如果新產品恰好符合企業預測的消費者需求，就可能大獲成功；反之，則會曇花一現，平白浪費資金與人力。不少曾經紅極一時的企業，就是因為錯估市場而淡出人們的視線。

大數據等網路技術突破了這個瓶頸。企業可以透過大數據即時追蹤蒐集消費者的消費紀錄，並且借助智慧軟體分析每個消費者的需求曲線與消費偏好。掌握準確的情報後，企業就可以執行個性化訂製模式。這些高科技成果為企業向個性化生產與個性化行銷的轉型奠定良好基礎。

個性化生產的最大阻礙是，無法利用流水生產線實現規模效益。因為在傳統工業生產模式中，「彈性」（多樣化生產）和生

產效率是相互矛盾的。

傳統工業生產線主要用於標準化的單一型號產品，透過專用設備與程序實現高效率的大量生產，從而形成規模經濟。由於這種生產方式對專用設備的要求很高，難以生產多品項的小量產品。在工業 3.0 時代，人們透過自動化的彈性生產線來解決這個矛盾。彈性生產線運用電腦來調控多種專業工具機，按照事先設定好的程式自動調整生產方式，從而使得多品項的中小量生產能夠與大量標準化生產抗衡。

隨著智慧製造技術的成熟，工業生產的彈性將進一步提高。多品項個性化訂製產品，也能在智慧生產線上實現大量生產，徹底解決彈性與生產效率之間的矛盾。個性化生產模式的出現，打破束縛個性化消費的最後一個技術瓶頸。

從消費者的角度來說，只有到了工業 4.0 時代才能實現徹底的個性化消費。

在企業決定產品的時代，產品附加價值的高低往往會比消費者的需求更能影響生產者的決策。雖然個性化訂製最能契合消費者的真實需求，但是居高不下的生產成本與較弱的大眾普遍消費能力，造成企業不敢輕易將個性化訂製當成主要生產方式。

所以，當大眾普遍消費能力不夠強時，大量生產個性化訂製產品只是消費者的夢想。唯有大幅提升個性化產品的生產效率，有效降低其成本，才能讓更多消費者滿足這種更高級的消費欲望。

工業 4.0 時代的個性化消費，可能會出現以下三種變化：

第一，多元化的個性化需求成為主流。

儘管大眾消費品市場依然存在，但是消費者的個性化需求

將日益細分，並且逐漸占據主導地位，這就迫使企業把發展個性化生產納入規劃。例如，德國的汽車製造業正在研究智慧汽車生產線，以便在同一條流水線上同時製造不同類型的汽車。

第二，個性化產品的功能走向整合。

消費者愈來愈喜歡一系列的解決方案，巴不得一次解決所有的問題。個性化訂製產品不再局限於單一產品，而是一連串相關產品集合而成的個性化套裝產品。例如，工業 4.0 時代的房地產商不僅出售房屋，還提供全套的個性化裝潢服務。

第三，交易方式的便利化。

網路經濟改變傳統的交易方式，讓消費者能隨時隨地進行線上下單與付款，有了更多的選擇空間。而在工業 4.0 時代，個性化消費的交易方式將會變得更加方便。消費者不僅可以直接參與到最初的訂製過程，還能隨時關注產品生產的進展。

以家電業為例，消費者可以讓企業把電視 logo 改成自己設計的標誌，並且選擇自己喜歡的開機畫面、系統配置、軟硬體維護、售後服務等客製化內容。

由於虛擬世界和現實世界被網宇實體系統融為一體，工業 4.0 時代的智慧工廠成為消費者可以參與深度客製化的「透明工廠」。在虛擬視覺化技術與智慧網路的幫助下，企業的數據中心會把整個客製化生產流程呈現在消費者眼前。例如，家電的原物料是否採購到位、顏色塗裝是否完成、零組件組裝進展如何、什麼時候能送貨上門，系統都會及時回饋給參與客製化的消費者。

總之，消費者可以借助產業物聯網與企業直接溝通，追蹤

個性化生產的全部過程，這也是個性化消費應有的內涵。

　　工業 4.0 的個性化消費模式，對企業的個性化生產提出極高的要求。從消費者提交訂單開始，企業內部的智慧化生產體系就要隨著消費者訂單貫徹始終。在利用智慧生產線提升製造效率的同時，企業對上游供應商的控管能力，與消費者的全程互動溝通能力，都要全面升級。此外，智慧工廠的決策方式也有別於網路零售業，企業的組織管理方式也必須圍繞著個性化生產與個性化消費做出大幅變革。

11 重行銷輕製造的網路經濟
即將落伍

麥肯錫全球研究院（McKinsey Global Institute）曾於 2014年 7 月 25 日發表一篇名為〈中國的數位化轉型：網際網路對生產力與成長的影響〉（China's digital transformation: The Internet's impact on productivity and growth）報告。中國的智慧設備總量、網路商城交易額、百度引擎搜尋量、社交應用軟體 WeChat 的應用率，都達到很高的水準。截至 2013 年為止，中國已有 6.32 億網路使用者，這個數字仍在不斷成長中。宣稱網路從根本上改變中國人的生活方式、網路經濟為中國發展做出巨大貢獻，可是一點也不誇張。

根據該報告的預測，到了 2025 年時，網路經濟對中國 GDP 成長總額的貢獻率可能會達到 7% 到 22%。這意謂著中國的 GDP 總額將因此每年增加 4 兆到 14 兆元人民幣。

麥肯錫全球研究院用 iGDP 指標來衡量網路經濟在各國的占比。其中，中國的 iGDP 指數於 2013 年年底達到 4.4%。這個數字意謂著中國網路經濟在 GDP 中的比重，已經超越美、法、德等先進國家。

　　由此可見，網路經濟可能成為未來中國經濟發展的新引擎之一。在這股浪潮的帶動下，中國有許多產業將被網路重新整合，經濟結構也會隨之改變。

　　就在中國憑藉網路經濟洪流，大步追趕先進國家的同時，第四次工業革命的號角又在德國率先吹響。面對接踵而至的工業 4.0 革命，中國的網路經濟可能遭遇有史以來最嚴峻的挑戰。假如不能及早正視這個隱患，中國就有可能會在網路經濟泡沫中從領先者變成落後者。

　　小米與阿里巴巴就是中國網路經濟裡兩家富有代表性的企業。小米的創辦人雷軍把自己的成功歸結為「網路思維」，這個概念很快就被網路產業爭相炒熱，甚至就連涉足電子商務的傳統產業，都在追捧著神乎其神的「網路思維」。

　　網路思維的傳播無疑讓許多新興企業找到迅速發展的方向。例如，販賣堅果的「三只松鼠」與販售零食的「眾完眾了」，都採用以消費者為中心的網路思維。但是這也反映出中國網路經濟重行銷推廣、輕技術研發的不足之處。

　　對虛擬經濟的投入遠遠高於實體經濟，曾經是歐美先進國家走過的岔路。網路技術的發展賦予金融業與零售業飛行的翅膀，這些技術不高但是有利於迅速聚集財富的產業，很快就把經濟效益較弱的傳統製造業遠遠甩開。

　　長期畸形發展造成虛擬經濟與實體經濟愈來愈脫節，製造業的萎縮與「去工業化」潮流，讓先進國家的經濟發展充滿隱憂。2008 年的全球金融海嘯，證明虛擬經濟的脆弱性，而這也是德、美等國相繼宣導第四次工業革命的重要原因。

　　就在德、美等國試圖將製造業升級到工業 4.0 之際，大多數的中國企業卻還緊盯著熱門的網路思維。

中國的「網路思維」無疑對網路經濟具有重要的意義，特別是其中的使用者思維與跨界思維，深刻地反映網路的開放精神。使用者思維促使廣大企業設法滿足日益多樣化、個性化的消費者需求；跨界思維則驅動網路公司將觸角延伸到原本不相關的產業領域，傳統產業也根據這種理念積極擁抱網路和電子商務。無論是哪一種模式，都在在體現虛擬經濟與實體經濟相互融合的發展趨勢。

第四次工業革命追求個性化生產和個性化消費，並將虛擬世界與現實世界融為一體。從這個角度來說，中國的網路思維也包含著某些工業 4.0 概念的萌芽，但是對工業 4.0 最核心的智慧製造等內容，網路思維的宣導者卻鮮少涉及。

擊敗虛擬通路優勢的實體經濟模式

中國的「網路思維」立足於用網路平台與大數據技術來擴大行銷推廣能力，而國際上的「工業 4.0」則立足於用智慧製造體系來升級自主創新能力。這顯然是兩種截然不同的發展思考。

機器人與智慧化設備並不是現在才發明的，但是有限的普及率和智慧化程度，卻讓廣泛運用網路技術的工業 3.0 依然以人工控制生產為主。如今，先進國家的工業科技已經累積到了「質變」階段，完全由機器人自動運作的智慧生產線已經在少數的工廠中採行，這標示著第四次工業革命的浪潮即將到來。

網路經濟還在高速席捲全球，包括製造業在內的傳統產業在內，都將被納入網路體系中。但是，這並不意謂著以線上交易與物流配送為核心競爭力的網路商城，就能在第四次工業革命展開後繼續維持著領先優勢。

誠然，大數據等網路技術讓網路公司掌握巨量的使用者資訊，它們可以根據這些數據為廣大消費者提供「一對一」的精準行銷。儘管傳統製造業可以生產出更高技術的產品，但卻欠缺比網路公司更便利的行銷通路與交易方式。實體經濟對虛擬經濟的先天劣勢依然存在。然而，這個看似不可顛覆的法則將會被工業4.0徹底粉碎。

工業3.0時代的使用者參與設計，是指消費者先把要求告知企業的產品設計師，設計師再把設計圖交付工廠。而工業4.0時代的消費者，可以直接把要求傳輸給智慧工廠的機器人，從設計階段就能完全按照自己的個性化需求來訂製產品，並且透過智慧型網路目睹整個設計、生產、安裝、運輸流程，直接與智慧工廠全程無障礙溝通，略過電子商城這個中介平台。如此一來，網路公司引以為傲的線上交易平台就不再具備通路優勢。

隨著物聯網、服務網、大數據的發展，封閉性較強的傳統製造業將變得像網路公司一樣開放。換言之，工業3.0時代發展的網路技術，既衝擊傳統製造業，又會為傳統製造業升級到工業4.0基礎帶來機遇。正因如此，以製造業為龍頭的實體經濟才能在第四次工業革命中煥然一新，衝破虛擬經濟所帶來的烏雲。

早在21世紀初，工業體系完善的先進國家就試著把資訊化和工業化加以結合，其中就包含網路經濟的跨界思維與工業4.0的萌芽。但是，網路技術和智慧製造技術尚未累積到足以發生「質變」的程度，所以第四次工業革命直到近幾年才被先進國家正式納入規劃。

相對於側重行銷的「網路思維」，工業4.0更圍繞著工業生產方式的升級而展開。儘管偏重的地方不同，但是兩者仍有共同的發展目標：

第一，打破傳統產業與網路產業之間的界限，實現多產業、多領域的跨界整合。

網路思維體系中包括跨界思維。簡單來說，跨界思維就是網路公司向其他產業擴張，不只是做網站、軟體、智慧裝置，還要直接經營農業、畜牧業、物流業、製造業等傳統產業；而這些傳統產業中的企業反過來學習網路公司的電子商務模式，也屬於跨界思維的一種形式。無論是哪一種形式，跨界思維追求的都是要打通整個產業鏈，讓上下游產業與相關周邊產業納入一個整體布局之中，以便減少流通環節、最佳化資源配置，實現合作生產。

而工業 4.0 策略的主題之一，就是把傳統的集中式控制生產模式，轉變為分散式增強型控制的生產模式，從而讓企業的生產服務方式變得更加個性化與數位化。在這種具有高度靈活性的模式中，前三次工業革命形成的行業界限會逐漸消失。各種新的研究領域和合作方式將會層出不窮，技術與創意的開發流程也會發生顛覆性的改變，所有的產業鏈分工都會重組。

第二，將虛擬世界與現實世界連結在一個智慧型網路中，為人類社會打造一整套的智慧化生活。

美國網路巨頭已經開始建設「智慧家居」生態鏈。這個生態鏈跨越儲存、通訊、智慧照明、家電等眾多領域，透過異業合作建立「智慧家居」生態鏈。這個跨越全球的多產業聯合研發行動，充分體現網路思維的開放性與共用性。在這個幾乎沒有祕密的時代裡，封閉不如開放，壟斷不如共用。透過異業合作共同打造讓使用者驚豔的智慧家居生活，才體現出網路思維的精髓。

在工業 4.0 時代中，人們不但受惠於移動智慧裝置，還能透過可穿戴智慧設備完成許多科幻片裡上演的動作。以大數據雲端服務與智慧製造技術為基礎的智慧城市，食衣住行都將變得智慧化。消費者還能享受到工業 3.0 時代所沒有的智慧生產流程視覺化體驗，過足個性化消費的癮，用智慧化設備隨心所欲地發揮自己的創意。

由此可見，網路經濟的下一個發展趨勢是進行工業 4.0 升級，徹底融入智慧化的科技洪流。儘管當前重行銷輕製造的網路思維讓我們取得許多耀眼的成就，可是如果不能認清即將降臨的第四次工業革命，不能掌握智慧生產這個核心領域，蓬勃的網路經濟就很可能再次淪為脆弱的虛擬經濟泡沫。

12 預測型製造與工業大數據

　　美國國家科學基金會（National Science Foundation, NSF）智慧維護系統（Intelligent Maintenance System, IMS）產學合作中心的李傑（Jay Lee）教授曾發表論文指出，未來的工業 4.0 時代將是一個「預測型製造」的時代。

　　工業製造流程存在許多不確定因素。即使嚴格遵守工業生產規範，機器、工人及製造過程中也存在許多超出企業決策者掌控之外的情況。例如，生產設備加工性能的下降、零組件的偶然失效、報廢品的重新製作或加工都會打亂原訂的生產計畫，這是工廠內部的不確定因素。而在工廠之外，使用者需求的波動與下游行銷部門的失誤，同樣也會干擾製造過程。

　　傳統的製造模式可以視為反應型製造。這種製造模式主要是根據設備老舊、加工失靈等可見的故障進行事後維護，但是對於那些不確定的因素卻往往反應遲滯。

　　而預測型製造模式不同，它可以透過智慧感測網路將生產流程變得「透明化」，及時發現初次故障並運用人工智慧來預測下一次設備失效的時間點，從而進行主動維護，大幅減少生

產中的不確定因素。由此可見，預測型製造是一種具有工業 4.0 特色的智慧化製造模式。

按照工業 4.0 的要求，未來的預測型製造需要完成三個轉變：

第一，製造流程價值化。

未來的工業製造不是生產出高品質的產品就夠了，而是要參與到整個產品的生命週期中，將製造過程與產品設計、技術研發充分結合，用製造把設計師和使用者的創意變成現實。

第二，製造流程智慧化。

在預測型製造過程中，智慧生產線可以針對產品設計參數的差異與加工狀況的變化做出調整，就好比機器設備獲得「自省」能力。包括機器設備在內的整條生產線，在設計、研發、製造全部過程中都能根據及時的數據分析，靈活調整產品加工方式。

第三，製造流程透明化。

預測型製造的概念，體現製造業追求的最高境界。工業 4.0 在整個製造過程中，堅持以零故障、零憂患、零意外、零汙染為目標。工廠裡所有的機器都連結在一起，讓傳統生產製造過程中的種種不確定因素變得透明可見，能夠被智慧分析系統儘早預測出可能會影響生產的因素，並且採取主動維護措施。

以工具機為例，工業 4.0 時代的工具機內部設有智慧感測器，這些感測器可以將工具機的工作情況轉化為有效數據，傳輸到控制中心。人與機器都可以根據這些資訊來了解工具機的狀態。

預先警示，讓當機的損失降到最低

在預測型製造時代，複雜煩瑣的零組件保養工作也將變得更加便捷、有效率。

例如，連上物聯網的螺桿，可以提前向控制中心警示何時需要進行潤滑保養。在反應型製造時代，工程師常常憑著經驗來推斷機器性能的衰退時間，造成生產故障與意外的發生機率無法降到零。而在工業 4.0 時代的螺桿一旦進入工作狀態，就會自動向企業的控制中心回饋機械運作數據。如此一來，工程師就能更準確地即時了解零組件是否健全，預知什麼時候應該更換新螺桿。

未來工廠實現預測型製造的關鍵在於，獲得透明化的工具與技術，讓那些不確定因素可以被及時檢測和量化分析。反應型製造之所以會依賴工程師的經驗判斷，正是因為無法將不可見的不確定因素轉化為可解讀的數據。如果想要解決這個問題，就離不開工業大數據技術的支援。

德國的工業 4.0 把資訊技術融入工業生產體系，透過網宇實體系統來實現預測型製造。美國的「工業網際網路」則是運用大數據技術和智慧分析軟體將人、機器、資訊一體化，從而完成生產製造模式的升級。無論是哪一種方案，都以智慧與互聯為本質，充分利用工業大數據技術，把產品、機器、資源及人納入同一個智慧物聯網中。

從這個意義上來說，工業 4.0 時代就是以預測型製造模式為主導的時代，也是工業大數據普遍運用的時代。

製造業的智慧化升級，將會以大數據分析技術為基礎。工業大數據系統的建構，不但能有效提升製造企業的技術創新能

力，也是企業在第四次工業革命中的重要任務。

以智慧化生產為特徵的預測型製造，可以用「6C」模式來定義。「6C」是 Connection（連結）、Cloud（雲端儲存）、Cyber（虛擬網路）、Content（內容）、Community（社群）、Customization（客製化）這六個英文單詞的首字縮寫。「6C」模式的工廠與機器設備都高度智慧化。其不僅可以即時共用數據資訊，還可以進行自我管理，並根據智慧聯網來配合其他工廠或機器設備的行動。

這就要求生產製造系統具備智慧分析產品製造全部過程與各個製造設備運行狀況的能力。透過全程蒐集、傳輸、分析各個生產環節、製造設備，甚至零組件生產的數據，將生產製造過程中的不確定因素變得透明化，提前預測出產品製造所存在的問題。

智慧感測器技術的不斷成熟，使得數據蒐集工作變得更為簡單。無論是生產線上的機器設備，還是待加工產品，都可以被智慧感測器有效監測，並形成可供分析的各種參數。例如，前文提及的生活用品廠就在待加工產品的標籤上安裝智慧晶片，讓每個產品的個性化訂製需求資訊，能被智慧感測器上傳到智慧生產線的雲端平台上。

雲端運算等大數據技術是一個劃時代的發明，它能讓人們更快、更準確地分析與處理數量多到爆炸的資訊。

在工業4.0體系中，網宇實體系統能在雲端運算的基礎上實現機器與機器之間的「溝通」（即所謂的 M2M 通訊）。各個機器設備可以進行數據交換與互相控制，甚至就連被加工的產品也能與機器設備進行數據交流。如此一來，機器設備與整條生產線都能自行組織生產。無人化生產的智慧工廠就是在這

個基礎上自行運作的。

工業大數據技術是工業 3.0 升級到工業 4.0，也就是製造業智慧化轉型的必要條件與技術基礎。工業大數據不僅促進產品製造流程的智慧化，還推動工業體系從反應型製造模式向預測型製造模式的變革。

前文提及的個性化生產，就是預測型製造的一種形式。個性化生產源於個性化消費需求，貫穿其中的是個性化消費所產生的各種數據。但是，商業領域的大數據與工業大數據既有關聯，也存在差異。

商業大數據與工業大數據的異同

工業大數據不同於普通的使用者數據，具有多源性、價值密度低、動態性強等特徵。在此之前，機器分析只能挖掘出結構化數據的應用價值，而那些半結構化數據、非結構化數據都無法被機器充分識別與分析。隨著資訊技術的發展，科學研究人員把建模技術、模擬技術及大數據技術整合在一起，推出工業大數據技術。這將使人們可以更方便地研究複雜系統的動態行為。

製造業智慧化系統的建模與控制系統的最佳化，都脫離不了巨量的圖像與數據。而企業的生產指標、計畫調度、品質管理等領域，也會生產大量的複雜數據。透過大數據技術對生產製造流程的最佳化整合，可以讓工業 4.0 體系實現最佳化運作，特別是實現預測型製造這個工業生產的最高境界。

未來的製造企業將採取分散式組織形式，這就要求企業必須具備更強的數據處理能力，否則就無法及時處理分散在各個

部門中的大量數據，實現人、機器、資訊的一體化，更稱不上完成反應型製造向預測型製造的轉變。

工業大數據可以有效提高整個產業價值鏈的透明度，讓企業的營運效率最佳化。跨國公司能將所有的子公司、部門、工廠、生產線、機器設備的數據全部集中於雲端運算平台之上。透過工業大數據的強大計算能力，整合來自研發、工程、生產等環節的數據，並在此基礎上建立產品生命週期管理平台。產品生命週期管理平台將用虛擬模型化技術來最佳化工業生產流程，確保各個生產環節能根據相同的數據運作。

總之，工業 4.0 時代的預測型製造模式離不開工業大數據這個基礎，工業大數據將在第四次工業革命中占據至關重要的地位。

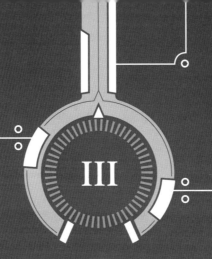

III

工業
4.0
進行式：

先進經濟體的
產業革命

　　德國與歐盟提出「工業4.0」，美國提出「工業網際網路」，而日本則是提出「工業智慧化」。第四次工業革命的風暴是由幾大工業強國共同發起，正在以驚人的速度席捲全球。許多傳統產業和低階產業，將因缺乏科技而被工業4.0淘汰出局。假如開發中國家不能迎頭趕上這股浪潮，將會進一步拉大與先進國家之間的差距。而先進經濟體如果不能把握第四次工業革命的機遇，就可能會被競爭對手遠遠甩在身後。

　　為了在競爭中贏得先機，德國提出以工業4.0為重頭戲的《高科技策略2020》。網路經濟較為薄弱的歐洲，也積極部署工業復興策略，促使整個歐盟重新崛起。美國試圖以發展先進製造業與技術創新體系來擺脫傳統製造業的衰弱，以求擴大在網路經濟和工業領域的領先優勢。日本也立足國情，發展出一條具有本土特色的工業智慧化之路。

　　歐、美、日等先進國家在努力搶占高科技先機的過程中，將率先遭遇第四次工業革命帶來的衝擊。優勝劣汰也是先進國家建立「產業物聯網」或「工業網際網路」的必經之路。但是，做為先行者的它們，也將比其他國家更早把握這次工業革命帶來的發展良機。

13 從德國開始席捲世界的工業 4.0

　　自從 2008 年全球金融海嘯爆發以來，歐盟各國都陷入經濟不景氣的窘境，唯有德國一枝獨秀。就在先進國家紛紛轉移製造業，大力投資虛擬經濟時，德國依然堅持抵制「去工業化」的潮流，鞏固本國的實體經濟。發達的製造業與科學研究能力是支持德國走向輝煌的根本。

　　然而，席捲全球的網路經濟，讓憂患意識強烈的德國意識到危機。美國的網路巨頭已經不滿足於在虛擬經濟領域之中稱王，而將觸角延伸到其他的產業，不斷收購具有技術創新能力的高科技公司與製造企業。這種跨界整合策略將使美國的虛擬經濟與實體經濟融為一體，釋放出更強大的發展後勁。

　　德國政府與企業家協會認為，假如德國製造業不能及時發起新工業革命，Google、微軟、蘋果等美國網路巨頭遲早會進化為工業製造領域的新巨頭。德國不僅會在網路經濟上落後於世界強國，還將失去引以為傲的工業科技優勢。

　　為了迎接新局勢的挑戰，德國政府與學術界、產業界共同制定工業 4.0 策略，試圖立足於傳統的製造業優勢，發動一次

全新的科技革命。德國想透過工業 3.0 體系升級為工業 4.0 體系，把虛擬世界與現實世界融合成一個嶄新的智慧化世界。第四次工業革命的星星之火可以說是最先被德國點燃，並且正在以極快的速度燎燒包括中國在內的整個世界。

根據「工業 4.0 小組」的提議，德國政府把工業 4.0 列入《高科技策略 2020》大綱的十大未來發展專案之一，並已投入多達 2 億歐元的經費。德國國家工程與科學學院、夫朗和斐應用研究促進協會，以及眾多學術界與產業界單位，都紛紛回應第四次工業革命的潮流。德國工業界的龍頭西門子也在研發智慧生產控制系統與軟體時，貫徹工業 4.0 的思想。

西門子的專家認為，工業 4.0 是一種將虛擬生產與現實生產結合在一起的新型生產方式。在大數據、智慧控制及物聯網的基礎上，人、機器、資訊被整合為一體。工業 4.0 將為製造業帶來更高的生產效率與更靈活的生產形式。

按照現有工業能力，推出一款新車至少要花費八年的時間，也就是由上千名設計師和工程師用三年設計出設計圖，工廠用一年製造生產模具，企業花費四年建設新的生產工廠。由此可見，傳統生產製造模式不僅研發製造週期漫長，而且消耗的人力、物力、資金極為可觀。

那麼工業 4.0 時代的工廠呢？根據西門子的展望，工業 4.0 時代的智慧工廠可以透過大數據分析與智慧生產線進行彈性製造，完成大量且多種類的個性化生產任務。消費者當月訂製的個性化產品，下個月就能研發製造並加以生產。生產效率提高好幾倍，而且個性化訂製產品原本居高不下的成本，也得以大幅下降。

飆升數倍的生產效率，改變生產節奏

之所以會出現這麼大的差距，是因為工業 4.0 時代的生產製造流程有別於之前的任何時代。

傳統的生產製造流程為：研發部門設計出產品圖後，生產部門根據產品圖做出樣品；研發部門根據樣品的情況修改設計，再交由生產部門進行生產；當產品圖修改完畢、產品通過測試後，才能投入生產上市。

而在工業 4.0 時代，產品的設計研發與製造不再是由兩個部門合作，而是被同一個大數據平台控制。這促使產品的設計研發與製造幾乎能同步進行，省略產品圖和訂單流程。生產流程的革命性變化，徹底改變工業生產的節奏，同時讓企業的營運管理最佳化。

目前有許多傳統的 B2B（Business to Business，企業對企業）電子商務平台，雖然也採取個性化訂製模式，但是仍然以行銷傳播為主，而不是深入開發新技術。這在第四次工業革命到來時，將會逐漸喪失競爭力。

為此，不少製造企業憑藉自己在工業領域的技術優勢，將網路技術與正在崛起的智慧製造技術相互結合，深入挖掘整個產品生命週期的相關數據，從而為消費者與業務夥伴提供更專業的個性化服務。

西門子對未來工廠的想像是德國工業 4.0 策略的一個縮影。按照德國的構想，未來的人們將生活在一個智慧化與網路化的世界中。物聯網和服務網路會全面滲透世界上的每個角落，傳統的產業差異將會變得愈來愈模糊，產業價值鏈的分工將會重新洗牌，而人們的創新能力也能得到空前釋放，各式各樣的新

興領域與合作形式亦會應運而生。

按照德國的預言，工業 4.0 不僅是科學技術的革命，也是商業模式的革命。工業 4.0 時代的企業將演化出全新的生產組織型態和商業模式，並用不同於以往的合作模式，與合作夥伴、使用者進行全程密切的合作。

工業 4.0 新商業模式的三個特徵

新型商業模式將具備三個特徵：虛擬生產與現實生產一體化的「網路化製造」；與智慧工廠接軌的「自我組織適應性強的物流」；使用者可以全程參與生產的「整合客戶的製造工程」。

新型商業模式的誕生不僅會影響單一公司的發展，還會推動整個商業網路與產業價值鏈的重新組合。這就意謂著每一家企業，特別是努力打造工業 4.0 的製造企業，都必須認真研究新商業模式帶來的融資、安全性、風險、智慧財產權等一系列問題，其中組織型態的變革已經成為工業 4.0 企業迫在眉睫的任務。

例如，西門子的新任執行長喬·凱瑟（Joe Kaeser）自 2014 年 10 月 1 日起，就在公司掀起一場組織變革風暴。西門子取消「業務領域」層級，把目前的 16 個業務集團精簡為 9 個，讓公司體制重新回歸扁平化組織型態，而人力資源與企業公關等部門也將在日後被精簡。此舉不僅加快西門子的決策速度，還能為公司每年節省大約 10 億歐元的開支。

凱瑟認為，未來的產業價值鏈已經有了進一步變化，為了更能滿足客戶需求，公司必須改變過去的做法。這次的組織結構變革，就是為了適應未來商業模式而進行的。

在這場席捲全球的新工業革命中，德國人不只是將目光集中在智慧工廠與智慧製造環節，還提出「智慧數據」的行動。

「智慧數據」就是前面提到的工業大數據。德國《高科技策略2020》大綱的十大未來發展專案中，就包含大數據這個領域。以大數據促進工業4.0發展，也是德國業界的重要研究項目。然而在德國，「智慧數據」行動依然面臨著不小的挑戰。

首先，中小企業很難負擔得起工業大數據的技術與成本，這將會影響它們轉向工業4.0。

全球網路巨頭與大型製造企業，已經開始廣泛挖掘大數據的經濟潛力。德國雖然有不少全球五百大的工業龍頭，但是其經濟結構仍以中小企業為主體。在德國政府的工業4.0策略中，中小企業與新創企業都應該充分運用大數據技術來推動工業智慧化轉型。但是，中小企業的技術能力與經濟實力有限，很難負擔得起昂貴的雲端運算系統，因此就需要業界儘快開發出操作性強且成本低廉的大數據工具。

其次，新型商業模式的可操作性還有待提高。

儘管以個性化生產為核心的新型商業模式振奮人心，但是就目前而言，世界上還沒有能以低成本提供規模化工業大數據服務的成功案例。例如，雲端運算平台的硬體基礎設施需要投入大量資金與研究，而平台、軟體服務的價格也較為昂貴，造成對技術供應商和使用者的吸引力仍有待提高。不過，已經建構大數據應用系統的企業，既能選擇最佳化傳統的商業模式，又可以考慮創造出新商業模式。

最後，如何確保數據的安全性也是發展「智慧數據」的關鍵問題。

工業大數據在催生新興商業模式的同時，也帶來安全性問題。雲端運算平台可以將企業各個部門、流程、設備、產品、使用者及合作夥伴的相關數據一網打盡，實現各個子系統的資訊共享。但是，這也造成大數據中心變得更加脆弱，一旦遭到攻擊或接收虛假的資訊，整個產業價值鏈都可能會因此癱瘓，智慧工廠也會自動停擺，繼而產生嚴重的經濟後果與社會危害。

因此，數據的加密、查詢、認證等安全技術成為工業大數據項目中最關鍵的一環。除了安全技術的升級之外，政府還應當制定符合工業 4.0 要求的各種法規。例如，用數據保護法來保護特定的敏感數據。此外，當工業數據做為交易商品時，也可能會涉及智慧財產權問題，因此需要契約法、擔保法、智慧財產權法等法律的配套保護。

自從正式提出「工業 4.0」的概念後，德國一直走在第四次工業革命的前端。為了充分發揮製造業的傳統優勢，德國將發展重心放在智慧工廠與「智慧數據」等領域。透過網宇實體系統實現生產要素分配方式的網路化和智慧化、產品研發製造模式的個性化與智慧化，並據此創造出新的生產組織型態和商業模式。

西門子工業部門主管席格福利得・洛斯福（Siegfried Russwurm）指出，網路化生產和數位化製造已經成為第四次工業革命中決定成敗的關鍵因素。任何一個企業或國家，都無法單憑一己之力就完成全球製造業的智慧化轉型。他認為，德國必須放棄孤島式的想法，政府、企業、學校、研究機構要進行廣泛合作，並與世界主要國家展開合作，積極為新工業革命做好準備。

14 歐盟開始部署工業復興策略

III 工業 4.0 進行式：先進經濟體的產業革命

　　歐洲在網路經濟領域的發展落後於領先全球的美國，也遭遇中國等新興國家的嚴峻挑戰。除了最早提出工業 4.0 的德國一枝獨秀之外，歐洲經濟普遍處於衰弱狀態。但是，歐盟會員國中有不少歷史悠久的工業強國，同時在歐洲國民經濟中，工業也始終占據主導地位。美國工業占國民經濟的比例，連歐盟的平均水準都未能達到，更別說與製造業最發達的德國相比了。

　　儘管走過「去工業化」的岔路，但是歐洲的工業體系完善，科學研究能力十分出色。如果能比其他國家早一步完成智慧製造的革命，歐洲就能搶先占領第四次工業革命的高科技創新之巔。

　　在這個背景下，歐盟於 2014 年 3 月 21 日正式公布以經濟復甦與創造就業機會為目標的歐洲「工業復興策略」，這代表歐盟將工業復興訂為整個歐洲的共同發展策略。歐盟計畫優先發展六大未來關鍵技術與產業，以推動各成員國革新科技創新體系。在為廣大中小企業提供優惠政策的同時，也升級老舊的基礎設施，以迎接第四次工業革命的到來。

　　對於正在興起的第四次工業革命，世界各國有不同的看

法。在身為先驅的德國積極領導下，歐洲多國政府與企業達成基本共識。

工業 4.0 的主要特徵是用網路技術將虛擬世界與現實世界融為一體，其主要內容涉及數位化生產、智慧工廠、智慧城市、智慧家居、智慧電網、3D 列印、電動汽車等領域。在歐洲「工業復興策略」的帶動下，德國、法國、西班牙以自身條件為基礎，開拓出各具特色的工業 4.0 發展計畫。

其中，德國的工業 4.0 計畫以智慧工廠與智慧生產為兩大發展重心。德國的製造業不僅在歐盟會員國中首屈一指，也在全世界具有領先優勢。雄厚的工業技術基礎和超前的意識，讓德國成為歐洲工業 4.0 策略的先驅。

從某種意義上說，正是德國總理安格拉·梅克爾（Angela Merkel）與德國企業家的大力宣傳，才讓歐盟深刻意識到第四次工業革命對歐洲重新崛起的長遠意義。德國聯邦經濟及科技部為了鼓勵廣大的中小企業和新創企業發展工業 4.0，還特意設立專案資金，以配合國家的工業 4.0 策略。

德國著名的福斯集團試圖從模組化建設與 3D 列印應用領域打開智慧化升級的突破點。早在 2012 年，福斯就啟動具有工業 4.0 特色的模組化橫置架構（Modularer Querbaukasten, MQB）。相對於原有的平台化策略，模組化橫置架構策略有兩個優勢：

第一，模組化的零組件可以同時適用於多種車型。

傳統生產線需要組裝的汽車零組件超過 2 萬個，而新型生產線只需要 2,000 多個。自動化程度的提高，不僅節約採購成本，也減少工人數量。

第二，提高福斯集團的市場回應速度和個性化程度。

模組化橫置架構策略能做出一個通用的整體架構，而福斯旗下的每個子品牌即可根據消費者的個性化需求，選擇不同的組裝模組。如此一來，工廠就能大量生產在傳統策略模式中難以形成規模經濟效應的個性化車型。

在模組化橫置架構策略的幫助下，福斯集團的生產製造時間降低 30%，中小型汽車的成本可降低 20%，而消費者可選擇的車型也有所增加。企業在各個生產環節中的合作能力有效提升，為實現智慧製造奠定良好的基礎。

所謂「3D 列印」，實際上是一種融合資訊、機械、材料技術的高度數位化積層製造（Additive Manufacturing）技術。3D 列印技術目前主要是被福斯集團應用於產品試製階段的外形設計檢驗等工序。與傳統技術相比，3D 列印技術可以大幅縮短產品研發週期，並且有效降低成本。

不難看出，握有製造業優勢的德國，將繼續在歐洲「工業復興策略」中扮演領頭羊與主要引擎的角色。

法國與西班牙的工業 4.0 升級規劃

曾與德國共同創立空中巴士（Airbus）的法國，也是歐洲製造業最發達的國家之一。儘管法國政府並未像德國那樣提出明確的工業 4.0 策略規劃，但是法國一些知名企業的高層人士已經意識到新一輪工業革命對人類發展的重要性。

根據法國學術界的研究，假如將網路技術應用於能源控制與管理，能讓一個城市節約 30% 到 70% 的能源、交通擁擠指

數下降 20%、建築運作成本下降 15%，以及水資源消耗減少 20%。

　　汽車製造業是法國傳統的優勢產業之一。法國曾經是 1990 年代的第四大汽車生產國，但是進入 21 世紀以後，排名卻不斷下降。到了 2012 年時，法國的汽車產量僅排名在世界第十三位。為了實現工業復興策略，法國把新工業革命的發展重心放在電動汽車領域。經過一連串的努力，法國的電動汽車產業已經占據世界領先地位，巴黎也在不知不覺中成為全球電動汽車之都。為了推廣電動汽車，法國政府推行不少優惠政策。例如，消費者每購買一輛電動汽車，就可以得到最高 7,000 歐元的獎勵。

　　法國在 12 個大中型城市及其周邊地區投入大量資金建設電動汽車的配套設施，如巴黎市政府設立電動汽車租賃等公共服務專案。如今電動汽車租賃系統在巴黎已成功普及，許多市民更是把電動汽車當作主要的代步工具，稱電動汽車已經成為巴黎最重要的新興產業，並為經濟發展提供新成長助力一點也不為過。

　　工業復興策略對於飽受金融海嘯之苦的歐洲國家來說，不啻為擺脫經濟危機泥淖的浮木。

　　西班牙的第二大城市巴賽隆納，希望借助工業 4.0 的力量完成整座城市的升級。該市的政府官員表示，政府正計畫運用先進的資訊技術來改造舊工業革命地區與傳統產業。智慧城市等新興計畫將是西班牙的發展重點。西班牙政府希望透過將這些創新產業和傳統產業整合為一體的措施，打造出全新的行動城市與智慧城市。

　　在不久的將來，巴賽隆納可能不再只是因為足球而聞名於世，還將成為歐洲智慧城市建設的標竿，甚至是全球智慧城市的領導者。

巴賽隆納致力在城市核心區域推廣智慧技術。例如，在垃圾處理和路燈照明等領域中已採用智慧化設備。

為了讓垃圾處理智慧化，巴賽隆納的每個垃圾回收箱都裝置「容量感測器」（設於頂部）與「壓力感測器」（設於底部）。當回收箱的垃圾快要超出容量時，兩個智慧感測器就會用無線網路把數據傳輸到垃圾處理控制中心；垃圾場的工人即可根據回饋數據，來調整垃圾運輸車的出行次數與沿途路線，以更高的效率來處理垃圾。

智慧城市採用的是發光二極體（Light-Emitting Diode, LED）路燈。這種路燈都安裝有計時器與感應器。不僅節省能源，還可以把光源聚焦到下方，減少光束對夜行性生物的影響。

此外，巴賽隆納還在地面鋪設停車感測器，讓司機可以方便地查詢哪裡有空位。草坪內設置智慧溼度感測器，感測器會根據地表溼度來控制灌溉系統在什麼時候為草坪澆水。總之，巴賽隆納對智慧城市的建設可說是不遺餘力。

從總體上來看，歐洲的工業 4.0 策略有下列鮮明特點：

第一，歐洲工業 4.0 是技術創新與應用帶動綜合作用的產物。經濟復甦、能源安全、產業結構轉型、製造業技術升級，是歐洲工業復興策略的發展目標。

第二，歐洲各國注重合作創新，試圖在共同的努力下找出系統性解決方案。各國政府、企業、非營利組織圍繞共同的目標，廣泛採取分散合作式商業模式，從而共同推動工業 4.0 的進展。

第三，歐盟各國政府將推動新技術、新產業、新商業模式的發展成熟，視為經濟發展的首要之務。政府全力投入建設工

業 4.0 的配套基礎設施，並頒布各種獎勵政策，鼓勵新型中小企業發展。

第四，歐洲的跨國企業主動響應「工業復興策略」，紛紛開闢各具特色的工業 4.0 轉型計畫。

在過去的工業競爭中，歐洲工業國喪失前兩次工業革命累積的科技優勢，被後來崛起的美國奪走最強工業國家的寶座。而在由美國發起的第三次工業革命中，歐洲並未重新崛起，反而出現「去工業化」與產業空心化問題。

歐盟執委古瑟·歐汀格（Guenther Oettinger）指出，在北美與亞洲的雙重夾擊下，歐洲已經失去對全球工業的領導力。放眼全球，無論是晶片生產領域，還是終端設備製造領域，沒有一家知名企業把總部設在歐洲。但是，他也表示歐洲還有希望透過工業復興策略，贏得「下半場」。

儘管歐洲各國對工業 4.0 的反應各不相同，但是歐盟已經意識到製造業的普遍智慧化，將為歐洲帶來重新崛起的希望。

歐盟委員會的副主席安東尼奧·塔亞尼（Antonio Tajani）向歐盟各會員國呼籲：希望到 2020 年時，歐盟各國工業占 GDP 的比重能上升至 16% 到 20%，並且實現向數位經濟轉型。透過數位技術、工業製造、物流網路的進一步融合，工業 4.0 將促使歐盟在未來與美國及亞洲的競爭中搶占先機。

15 — 美國「再工業化」的發展核心

　　2008 年全球金融海嘯源頭的美國，沉痛地體認到虛擬經濟與實體經濟脫節所帶來的威脅。為了改善經濟結構，美國適時推出「再工業化」方針，一方面加快發展先進技術產業，另一方面則是運用先進的網路技術，推動傳統製造業的升級。

　　早在 2009 年 4 月，新上任的美國總統巴拉克‧歐巴馬（Barack Obama）就在演說中提出「重振製造業」的目標。同年 12 月，歐巴馬政府推出《重振美國製造業政策架構》（*A Framework for Revitalizing American Manufacturing*），這個策略規劃顯示出，美國試圖努力擺脫虛擬經濟成長過快為製造業帶來的衝擊。

　　就實力而論，美國依然是世上最大的工業國，其製造業在全球依然保持著領先地位。美國製造業在 2010 年的產出大約為 1.8 兆美元。這個數字稍稍高於中國，比日本高出三分之二，而德國製造業的產出只有美國的三分之一。儘管如此，製造業並沒有為美國民眾帶來更多的就業機會。1970 年，美國製造業的就業人數為總就業人口的 25%。到了 2012 年，這個比例更下降到 9%。

　　一方面是由於許多工廠實現自動化生產，減少勞動力需求；另一方面則是美國的勞動成本過高，於是許多公司將產業轉移到國外，如中國，這也是導致美國製造業空心化的主要原因。為了鼓勵「製造業回歸」，美國必須轉變發展模式，推動先進製造業。

　　在這個背景下，歐巴馬於 2011 年宣布「先進製造夥伴聯盟」（Advanced Manufacturing Partnership, AMP）計畫。這個計畫目的在於透過政府、高等院校、企業的合作來促進製造業升級。該計畫包含四個子計畫：

　　第一，美國政府的多個部門將投入 3 億美元來發展與國家安全相關的製造業。

　　第二，展開「材料基因組計畫」（Materials Genome Initiative），以便縮短先進材料的開發與應用週期。

　　第三，美國國家科學基金會、美國太空總署（National Aeronautics and Space Administration, NASA）、美國農業部等部門聯合投資開發新一代智慧型機器人。

　　第四，美國能源部投資研究新型製造技術和新型材料，以求大幅削減製造成本與能源消耗。

　　這只是美國「再工業化」的第一步。美國國家科技委員會（National Science and Technology Council）在 2012 年 2 月提出《先進製造國家策略計畫》（*A National Strategic Plan for Advanced Manufacturing*）報告。這顯示著美國已經把發展「先進製造業」提升為國家策略。不久後，歐巴馬宣布在美國國內建設「國家製造業創新網路」（National Network for Manufacturing Innovation, NNMI），整合本土科學研究力量與製造技術的創新

發展，讓製造業形成新的核心競爭力。

「國家製造業創新網路」以發展先進製造業為基本目標。美國國防部、商務部、教育部、國家標準與技術研究院（National Institute of Standards and Technology, NIST）、美國太空總署、國家科學基金會等機構都參與其中。聯邦政府不但與產業界、學術界、各州政府組成合作夥伴關係，還在各地區設立「國家製造業創新學院」（National Additive Manufacturing Innovation Institute）。

在2014年的國家財政預算中，美國政府計畫在15個地區成立「國家製造業創新學院」。這些創新學院的研究方向各有不同，但是都與當地製造企業、科學研究單位進行廣泛合作，共用基礎設施資源，並且集中一切力量，開發具有美好前景的新興技術。

隨著先進製造業國家策略計畫的展開，美國也成為德國之外的另一大第四次工業革命根據地。

美國軟性服務 vs. 德國硬性製造

對於迎面而來的第四次工業革命，美國與德國一樣都有清楚的認知。雖然美國多採用「工業網際網路」的概念來描述第四次工業革命，但是這與德國工業4.0的基本理念殊途同歸，也就是把虛擬的網路經濟和實體的製造業加以整合，推動製造業的智慧化升級與商業模式、生產模式的革命性轉變。

相較之下，德國工業4.0策略更注重「硬性」製造層次。德國以智慧製造與智慧工廠為核心發展目標，在此基礎上發展物聯網、服務網路、智慧城市等計畫。德國並未像美國那樣出

現製造業空心化的問題，其不足之處是網路技術在工業領域的運用，而非製造技術本身。所以，德國的工業 4.0 多立足於製造業對網路技術的整合。

美國製造業在技術上並不遜於德國，其主要問題是工廠因為勞動成本上升而轉移到海外，導致製造業難以增加就業機會，阻礙經濟發展。與此同時，美國的網路產業不斷席捲全球，並且頻頻跨界整合其他產業。

因此，美國的製造業升級方式更側重於以網路經濟的「軟性」服務來啟動傳統製造業，並進一步推動「先進製造業」的發展。

打通虛擬世界與現實世界的關鍵在於網路技術。美國憑藉矽谷模式獲得領先全球的軟體技術優勢，為建設工業網際網路體系提供有利條件。

在前文中曾提到，傳統製造業有許多不可見的因素，企業採取的是反應型製造模式。由於不可見的因素難以控制，製造業的生產流程存在一定的故障率，產品研發生產週期也較長，生產線難以完全實現自動化，使得製造企業對市場的反應速度相對落後。

為了讓生產變得透明化，最大限度地減少不可見因素的影響，美國很早就提出「資訊物聯系統」（即前文提到的網宇實體系統）。在大數據平台等資訊技術的幫助下，資訊物聯系統可以讓生產製造過程中的每個因素都被數據揭示得一清二楚，這就是透明化生產。由於生產過程的透明化，生產線的智慧化水準大幅提高，資訊物聯系統讓企業得以實現預測型製造。

在資訊物聯系統建設的初期階段，工廠尚未完全脫離傳統的生產模式，而是在原有設備的基礎上建立以大數據分析與物

聯網為基礎的新型生產資訊系統。這將促使透明化生產和工業大數據充分結合，形成高度智慧化的工業網際網路。

工業大數據的數據來源是某個產品生產流程，或是某個工業體系的運行情況。大數據在工業製造領域的應用，讓產品獲得更高的附加價值，也讓企業得以借助工業網際網路，控制整個產品的生命週期。

按照美國業內人士的預想，未來的企業可以為每一個產品製作類似「黑盒子」般的檔案。

每個產品從設計、生產、組裝、配送、出售，以及最終報廢回收所產生的數據，都會被一一記錄。這些資訊最終會回饋給企業，企業再透過工業大數據中心從中挖掘使用者的潛在需求，判斷產品生命週期裡出現的各種突發狀況，以利於調整生產者決策或改進生產製造流程。

從某種意義上來說，工業大數據就是工業網際網路的「大腦」。若是想要充分發揮工業大數據的優勢，企業就必須建設性能更優越的資訊系統，而這也對設備製造技術提出更高的要求。新一代的智慧製造技術與智慧工廠，將在工業大數據等網路技術的推動下，愈來愈趨於成熟。

如果說德國智慧生產線的亮點是智慧型機器人與植入產品標籤的智慧晶片，那麼美國智慧生產線的亮點就是工業大數據和配套資訊系統。美國可以發揮矽谷模式在資訊軟體技術上的優勢，打造高度智慧化的資訊系統，將大數據與智慧生產進行密切結合。

發揮矽谷模式，打造工業大數據優勢

據悉，美國人已經研究出一套極富創新色彩的智慧預測工具，這種智慧預測工具是由整合平台、預測分析工具、視覺化工具三個部分組成的，其主要功能有四：信號處理與特徵提取、設備健全性評估、設備性能預測、設備故障預測。

智慧預測工具可以把大數據中心所蒐集的數據「翻譯」成解釋不確定性的有用資訊，如自動生成雷達圖、故障圖、風險圖，以及健康退化曲線。企業管理者將根據這些情報制定出最佳解決方案。如此一來，生產製造流程就已經在局部實現透明化與智慧化。

在第四次工業革命風暴中，《先進製造國家策略計畫》與「國家製造業創新網路」可能讓美國繼續保持全球領先的優勢，特別是後者將會形成一個無比強大的技術創新體系。

從 2012 年 8 月至 2014 年，美國政府與企業先後投入鉅資建立幾個工業 4.0 研究中心，如美國國家積層製造創新研究院（National Additive Manufacturing Innovation Institute）、輕型和現代金屬製造創新研究院（Lightweight and Modern Metals Manufacturing Innovation Institute）、數位製造和設計創新研究院（Digital Manufacturing and Design Innovation Institute）、次世代電力電子製造創新研究院（Next Generation Power Electronic Manufacturing Innovation Institute）、高級合成材料製造業創新研究院（Advanced Composite Manufacturing Innovation Manufacturing Institute），這些製造業創新中心將從不同的角度推動全美製造業的智慧化升級。

根據威爾遜國際學者中心（Woodrow Wilson International

Center for Scholars）（美國智庫）公布的《全球先進製造業趨勢報告》（Emerging Global Trends in Advanced Manufacturing），美國投入技術研發專案的資金規模雄踞世界首位。其中有四分之三的投資集中在先進技術製造業，特別是合成生物、先進材料、智慧製造等「先進製造業」領域。

奇異預測：如果所有的工業系統能提升 1% 的效率，將會為美國帶來驚人的經濟效益。以十五年為期，當航空業節省 1% 的燃料時，能減少超過 300 億美元的成本；當醫療產業提高 1% 的效率時，可以省下 630 億美元的開支；當電力部門的效率增加 1% 時，可以節省 660 億美元；當石油天然氣的資本支出降低 1% 時，就能減少 900 億美元的浪費。

在可以預見的未來，美國很可能會實現無線網路技術、大數據雲端運算、智慧製造的普遍應用，使其在第四次工業革命中掀起最大的技術創新浪潮。

16 — 日本的工業智慧化計畫

據統計，日本工廠平均每 1 萬名工人中有 306 個機器人，韓國工廠為 287 個，德國工廠為 253 個，美國工廠為 130 個，而中國工廠只有 21 個。由此可見，日本在工業機器人應用領域有著獨特的優勢。身為亞洲首屈一指的科技強國與工業強國的日本，在第四次工業革命中也將扮演重要的角色。德國將新一輪工業革命定義為「工業 4.0」，美國表述為「再工業化」，而日本則稱為「工業智慧化」。儘管三者指的是同一個事物，但是從名稱差異中不難發現，日本的工業 4.0 規劃具有不同於德國與美國的特色。

德國「工業 4.0」立足於製造業的技術升級；美國「再工業化」則力圖改變過去的離岸外包模式，讓製造業產業鏈回歸美國本土；而日本的「工業智慧化」，則承襲其對人工智慧的痴迷，特別是普及「無人工廠」的夢想，這與日本社會高齡化的現實有著密切聯繫。

雖然科技一直在進步，工業製造保持著國際領先水準，但是日本經濟不景氣的困境由來已久，特別是高齡化的社會現

實，成為日本振興經濟的沉重負擔。

2014 年 6 月，日本政府修訂去年 6 月公布的「日本振興策略」。根據這個規劃，日本對內的直接投資將於 2020 年達到 35 兆日圓的規模。日本政府還特意召開「懇談會」，邀請企業、科學研究單位、各地區組織、日本貿易振興機構共同商討經濟振興問題，以工業振興與資訊產業發展為主要突破方向的日本工業智慧化之路也隨之展開。

從豐田到佳能的無人工廠

日本工業智慧化最具代表性的項目，是豐田（Toyota）、佳能（Canon）等製造業知名企業的「無人工廠」。

無人工廠又名全自動化工廠，也就是先前反覆提及的智慧工廠。在無人工廠中，所有的生產製造活動都是由電腦自主控制。就算是生產第一線，也是用自動化設備或智慧型機器人來代替人工作業。因為無須配備工人，所以稱為「無人工廠」。

日本無人工廠的生產模式與西門子智慧生產線大致相同。生產者把生產要求輸入電腦中，而後電腦就會自動把所需的原物料傳送到工廠。產品經過研發設計、生產加工、品質檢驗、包裝分配等流程後，被電腦輸出到工廠的另一端，至此完成一個生產週期。

除了向機器設備輸入生產要求以外，無人工廠的一切工作都是由智慧機器人、數控工具機、無人運輸車及自動化倉庫合作完成，所有的機器設備都由電腦統一指揮。無人工廠只需少數工人檢查設備狀況或修改生產指令即可，工人不必直接參與任何生產環節，只需監控機器人完成生產流程。

高度智慧化的無人工廠，是各國在工業 4.0 策略的重要發展方向。

但是，這個概念早在 20 世紀就已經被日本人提出了，同時還在 1984 年 4 月 9 日建立世界第一間無人工廠。

這間無人工廠是日本築波科學城的實驗品。科學家用小型齒轉機與柴油機做了生產實驗。按照傳統生產方式，製造這兩種設備需要近百名技術工人與數控機械的合作，耗時大約兩個星期；而在無人工廠裡，4 個工人在一天內就能完成製造任務，生產效率之高可見一斑。無人工廠既能大幅提升生產效率，又能節省所需人數。這對勞動力不斷減少的日本高齡化社會而言，無疑是一大福音。從此以後，日本就一直致力研究無人工廠，推動製造業的智慧化升級。

無人工廠之所以能大幅提高生產效率，是因為每個步驟都能由工業機器人自動完成。

無論培訓多麼嚴格，工人之間的技術熟練程度依然存在差異，人與人之間的協調配合遠比機器人複雜許多，一個工人的進度稍微延遲，整條生產線都會因而受到影響。無人工廠就不存在這個問題，工廠內的各種加工設備可以自動調換，只要事先輸入生產指令與技術要求，加工零件、組裝配件、成品檢查都可以由工業機器人自行處理。

無人工廠讓第一線工人從簡單重複的體力勞動中得以解放，讓他們更能扮演監督者與維護者的角色。而在工業 4.0 時代的智慧無人工廠，簡單腦力勞動也將完全由智慧型機器人來完成。人們的主要工作變成調查市場需求、開發新技術、管理產品生命週期，而不是在自動化生產線旁邊緊盯著生產線的運作狀況。

打造工業 4.0 階段的無人工廠，是一項複雜的系統工程，需要多種先進技術的整合。其中最關鍵的技術有四個：彈性化生產技術（個性化生產）；智慧型機器人控制技術；生產安全監測技術；機器設備與各個零組件運作狀況的監控技術。

在高度智慧化的無人工廠中，每個工業機器人、儀器設備、待加工產品及零組件的狀態，都會被無處不在的智慧感測器即時監測。一旦出現任何細微的問題，控制中心就會接收到來自智慧感測器的預警。每個機器人與儀器設備都實現全自動化，並且具有相互協調所有生產作業細節的「思考」能力。

截至目前為止，勞動力嚴重短缺的日本已經在眾多領域普及工業 3.0 階段的無人工廠。無論是高科技製造業，還是勞動密集型企業，都廣泛應用工業機器人來減少對勞動力的需求，這就是日本製造業的機器人普及率高居全球榜首的主要原因。

隨著日本工業振興策略的展開，無人工廠不僅將在日本更為普及，也將進一步提高智慧化程度。在可以預見的未來，日本的無人工廠將成為從接到消費者訂單到回收產品，都由智慧型機器人主導的更高層次無人工廠。

除了製造業上的獨特優勢之外，日本的晶片技術一直在資訊產業中名列前茅。這讓日本在新一輪的工業革命中，獲得歐洲欠缺的有利條件。

在第三次工業革命中，美國起步最早，始終處於領先地位。日本起步稍晚，但是發展卻極其迅速，是僅次於美國的資訊技術強國。自從房地產泡沫破裂後，日本經濟至今都不甚景氣，但是日本也因此痛定思痛，堅定地發展以資訊技術為代表的高科技產業。

日本資訊產業自從誕生以來，就一直獲得政府的大力支持。

日本政府高度重視資訊產業發展，頒布多項優惠政策來扶持整個產業。

想當初，日本經濟資源短缺，市場機制尚未完善，不具備大量技術創新的基礎。整體經濟環境較差，企業的生存能力也偏弱。為了儘快趕上第三次工業革命的浪潮，日本充分發揮「後發優勢」，跳過繁瑣的基礎研究，直接從先進國家引進先進的資訊技術，在消化吸收這些高科技成果的基礎上，逐步建立具有本土特色的技術創新體系。日本正是憑藉這一點，才得以躋身資訊產業先進國家與工業製造強國行列。

日本之前資訊產業的發展模式，具有以下幾個特點：

第一，政府統籌產業規劃。

為了保護本土資訊產業發展，日本政府從 1970 年代以來一直不斷推出各種資訊技術發展計畫。透過這些指導性政策，推動資訊產業組織的壯大與資訊產業的全方位發展。由於政府創造良好的政策環境，使得日本的資訊產業發展十分迅速。

第二，略過基礎研究，以引進國家先進技術為主。

在過去，日本大多數資訊技術成果都是針對美國資訊技術的再創新。這種模式的優點是能讓落後國家快速建立產業體系，但是自主研發能力卻會受到較大制約。日本積極推動新一輪資訊技術發展計畫，也是出於提高自主創新能力的目的使然。

第三，重視資訊技術成果的商業化。

雖然日本有很多資訊技術並非獨創，也未必比歐美國家先進，但是其技術成果的商業化水準卻很高。由於日本高科技企

業善於把握市場需求，能有效將技術創新成果投入市場應用，因而能迅速搶占市場，並形成產業價值鏈。

就在歐美國家過度沉迷於虛擬經濟和「去工業化」時，日本依然將製造業視為立國之本。在日本產業界的眼中看來，網路技術的發展無法離開先進的製造業，工業智慧化革命應當將網路技術與智慧製造技術加以結合，兩者不可偏廢。

為此，日本政府正在制定有利於工業智慧化建設的優惠政策。例如，研究推廣人工智慧技術的高科技公司可獲得優惠的稅率與貸款政策、發展 3D 列印等先進製造技術的企業也將得到更多投資與社會各界的廣泛合作。

綜上所述，日本的工業 4.0 策略將以無人工廠等人工智慧產業與網路資訊技術為突破點。在發揚傳統優勢的前提下，開闢出一條符合高齡化社會現實的振興之路。

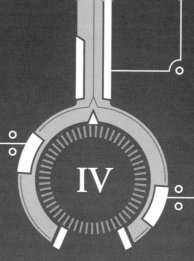

IV

工業4.0的內涵：
自動控制、
人工智慧與資訊處理

　　工業 4.0 是智慧製造技術主導的產業升級，主要內涵包括自動控制、人工智慧與資訊處理三個方面。

　　自動控制技術發端於工業 3.0 時代，自動化生產線就是這種技術的產物。工業 4.0 時代的生產線將對自動控制技術進行升級，讓生產製造流程變得更加「無人化」，這就需要人工智慧技術，特別是智慧型機器人的廣泛應用。雖然工業機器人出現得很早，但是其智慧水準還不足以讓工人完全從繁重單調的體力勞動中得以解放。因此，工業 4.0 將發展人工智慧技術為主，具體而言，就是建構智慧製造系統與智慧工廠。

　　自動控制與人工智慧的升級，離不開資訊處理技術的發展。在虛擬生產和現實生產融為一體的工業 4.0 時代，以網宇實體系統為橋梁的物聯網，將成為智慧生產與智慧工廠的神經網路。在網宇實體系統的協助下，智慧工廠可以輕鬆實現「零件與機器的交流」。物聯網則將實現製造業各部門與最終使用者、合作夥伴的全程密切溝通，讓生產模式和商業模式變得更加智慧化。

17 — 智慧製造主導的產業升級

在工業 3.0 時代，實體經濟與虛擬經濟出現脫節現象——網路技術的發展催生超越實體且累積財富更快的虛擬經濟。以製造業為主體的實體經濟難以與之競爭，從而導致先進國家出現「去工業化」浪潮。然而，實體經濟的萎縮最終引發全球金融危機，使全世界都受到不同程度的危害。於是，復興工業成為各國擺脫經濟危機的重要手段。

製造業在工業體系中占據主導地位，也是國民經濟的支柱。工業製造業分為勞動密集型、資源密集型、技術密集型等不同的發展模式。除了技術密集型製造業之外，其他的製造業在資訊社會下是需要被淘汰的夕陽產業。

第三次工業革命為製造業帶來自動化生產等先進技術，讓各類製造業都不同程度地提升生產效率，尤其是技術密集型製造業。但是，相較於高速發展的資訊與通訊科技與網路經濟，製造業卻逐漸變為人們眼中最保守、最落伍的產業之一。

隨著工業 4.0 概念的出現，製造業將掀起席捲全世界的新一輪產業革命，憑藉智慧製造技術實現產業升級，重新成為「先

進」的代名詞。毫不誇張地說，第四次工業革命的本質就是爭奪智慧製造的主導權，誰先完成工業體系的智慧化升級，誰就能在工業 4.0 時代執牛耳。

智慧製造的四大要素

智慧製造是一個系統工程，包含四大因素：用智慧型機器人代替工人生產的自動化生產線；高度智慧化的生產線控制系統；融合虛擬生產與現實生產的物聯網系統；製造執行系統（Manufacturing Execution System, MES）。

其中自動化生產線主要是對製造技術與生產工序的升級，這是實現智慧製造的硬體基礎，也是推動製造企業轉變發展模式的技術條件。

勞動密集型和資源密集型的傳統製造業，主要依靠增加勞動力與資源的投入來提高生產率，不需要太先進的製造技術。但是，隨著勞動力成本上漲和能源的高度消耗，傳統製造業的競爭力正在不斷下降。為了降低成本，這兩種製造企業往往會把工廠與生產線轉移到開發中國家，以便獲得更低廉的勞動力，同時更靠近資源原產地。先進國家的「去工業化」浪潮，正是由於製造業轉移海外所造成的。事實證明，這種發展模式難以承受網路經濟的衝擊，注定要被以智慧製造為主導的無人化、數位化生產模式所取代。

自動化生產線用智慧型機器人代替人工，不僅生產效率大幅提高，生產成本與能源消耗也大幅降低。如此一來，製造企業就從勞動密集型、資源密集型的發展模式轉變為技術密集型的發展模式，不必再將工廠與生產線轉移到海外開發中國家，

而是將其留在工業體系更完善、經濟環境更優越的本國，「去工業化」與「製造業空心化」等發展瓶頸也將迎刃而解。

光有自動化生產線還不夠，工業3.0時代已經出現自動化生產線，但是還遠遠稱不上是智慧製造。因為智慧製造不僅需要升級硬體系統（生產線），還需要建立配套的軟體系統。硬體系統的升級主要集中在生產製造流程，而軟體系統更多是運用於最佳化整個製造業的管理與決策。如果沒有生產線控制系統、物聯網系統和製造執行系統等軟體系統的支援，就稱不上是真正的智慧製造系統。

最先提出工業4.0的德國，把以智慧製造為主導的產業升級當成策略目標。儘管德國一直沒有「去工業化」，但也面臨來自網路經濟的嚴峻挑戰。

德國總理梅克爾曾指出，當今全球90%的技術與知識創新並不是在歐洲產生的。此外，德國企業的各種資源都掌握在美國矽谷的網路巨頭手中。不僅亞洲新興國家在網路經濟中迅速崛起，美國也透過發展先進製造業來克服「去工業化」的問題。錯失網路機遇的德國對此深感憂慮。但是與此同時，德國也敏銳意識到高科技製造業間的競爭，將搶占未來產業發展的領先地位。

洞悉新一輪產業革命的不僅是德國。美國、歐洲其他工業國、日本等先進國家，都不約而同地把製造業的智慧化、改造視為第四次工業革命的「天王山」（編注：日本圍棋術語，序盤或中盤時雙方勢力消長最重要的關鍵）。儘管美國用的概念是「工業網際網路」與「先進製造」，日本用的概念是「工業智慧化」，但其本質都是緊緊掌握「智慧製造」。

縱觀人類的科技發展史，每一次技術革命都可視為製造技術的升級。在以蒸汽機技術為主導的工業1.0時代，工廠生產

的是「蒸汽一代」產品；在以電機技術為主導的工業 2.0 時代，工廠生產的是「電氣一代」產品；在以資訊技術為主導的工業 3.0 時代，工廠生產的是「數控一代」產品；而隨著工業 4.0 的到來，未來工廠生產的將是「智慧一代」產品。這個定義的主要依據就是工業製造技術的特徵。

從這個角度來說，第四次工業革命就是一場以智慧製造為主導的產業革命。這場革命將促使製造業的產業模式發生兩個根本性變化：一是，以標準化為基礎的大量流水線生產模式，將轉變為以個性化為宗旨的客製化規模生產；二是，製造業的產業型態將從「生產型製造」升級為「生產服務型製造」，進一步強化對消費者的服務功能。

當前各國的產業升級策略規劃雖然大相逕庭，但卻具有以下三個共同點：

第一，用數位化、智慧化的資訊技術全面、徹底地改造傳統製造業，將製造技術、生產流程、管理方式變得更加智慧化。

第二，國家推出以發展智慧製造業為核心的策略規劃，制定一系列優惠政策，並加強對基礎設施升級的投入，從整體角度布局工業 4.0 的發展。

第三，產業界、學術界及政府進行全方位合作，從不同角度推動智慧製造技術的研發與推廣。

由此可見，智慧製造已經被各國列為工業 4.0 的核心，打造自己的智慧製造產業體系，也成為各國競爭未來發展主導權的焦點。

從價值創造與技術創新的角度看，工業 3.0 時代的技術密

集型製造業是一種生產製造型企業。智慧製造對於這種企業的意義，多是提升效率、降低成本、強化品質，從而獲得市場的主導權。但是，在工業4.0時代，製造企業必須向「生產服務型製造」的經營模式轉變，因為第四次工業革命所需的，不只是工業設備的升級，也不限於局部的智慧型機器人研究，而是要求各國在資訊技術與物聯網、服務網路的基礎上，對整個製造業進行深度整合和徹底的智慧化改造。由此可見，智慧製造不僅僅是更換更先進的生產線，而是涵蓋整個產業價值鏈的系統工程。

如果想要實現產業升級的策略目標，製造業就需要在以下五個方面推行智慧化升級：

第一，產品的智慧化。

智慧製造技術的關鍵，是讓產品能夠被自動化生產線有效識別、定位、追溯，從而讓生產線上的智慧型機器設備可以根據不同產品的訂製要求，進行製造加工，這就要求產品本身具備自動儲存數據、感知指令，還有與控制中心通訊的能力。具體而言，就是在各種待加工產品中加入智慧感測器、處理器、資訊記憶體、無線通訊器等微型智慧設備。

未來的工業4.0世界將是一個網路化、智慧化的世界，最主要的特徵就是智慧產品的廣泛運用。

業界人士曾預言，產品智慧化進程將持續數十年。智慧化產品具有普遍性、漸進性、顛覆性三大特徵。例如，智慧手機、智慧電腦、智慧冰箱、智慧電視、智慧家居、智慧穿戴、智慧汽車、智慧型機器人等產品，都是工業4.0物聯網的組成要素。

智慧產品的廣泛運用，不僅為消費者的生活帶來空前的便

利，也對企業生產提出新的挑戰。透過製造智慧產品來打造智慧城市，也是工業 4.0 的重要發展方向之一。

第二，工業設備的智慧化。

智慧製造的主體之一是智慧化的工業設備。例如，從單一的智慧機械手臂、智慧感測器、智慧工具機到智慧生產線、智慧工廠，工業生產設備都採用高度的人工智慧。工業設備的智慧化可說是狹義的「智慧製造」，而其他領域的智慧化也都無法脫離製造設備的智慧化。唯有如此，製造業才能發展出智慧工廠，重組工業產業鏈。

第三，生產方式的智慧化。

所謂智慧化的生產方式，主要是指個性化生產與服務型製造。在工業 4.0 時代，智慧工廠完全根據消費者的個性化需求進行自動生產，企業內部組織將與產品的最終使用者、業務合作夥伴形成一個新的產業價值鏈。資訊流、產品流、資金流在生產製造流程中的運作方式也將會有所改變。

第四，管理的智慧化。

企業在工業大數據的協助下實現縱向、橫向、端對端整合，可以及時、完整、精確地獲得巨量的使用者數據。企業將與產業價值鏈上的所有利益關係人一同打造產業物聯網，從而更加科學、高效率、靈活、便捷地管理企業。

第五，服務的智慧化。

智慧製造模式可以讓最終使用者全程參與整個產品的生命

週期，並與智慧工廠攜手完成研發設計、製造加工、組裝包裝、物流配送等環節。由於實現與消費者的全程無障礙溝通，智慧工廠就可以在整個產品生命週期中，為消費者提供更人性化的服務。

總之，智慧製造是系統中的系統，是第四次工業革命的核心，唯有建立一個完整的智慧製造產業體系，才能占據工業 4.0 時代的巔峰。

18 智慧機器人打造的無人生產線

機器人是科幻小說中歷久不衰的題材。從捷克作家卡雷爾・恰佩克（Karel Capek）的《羅森的萬能機器人》（*Rossum's Universal Robots*）到《瓦力》（*WALL-E*），創作者都是從不同角度描繪智慧型機器人與人類共同生活的場景。美國在 1959 年製造出世界上第一個工業機器人，並且隨即成立全球首家機器人生產工廠——優力美訊（Unimation）。從此以後，機器人開始在工業領域逐漸普及。

隨著科技的不斷進步，特別是工業 3.0 的到來，廣泛採用工業機器人的自動化生產線成為製造業的核心裝備。而在工業 4.0 時代，智慧機器人將在生產流程中扮演更為重要的角色。從某種意義上來說，智慧型機器人的全面升級將是新一輪工業革命的關鍵。

早在 20 世紀，學術界與產業界就曾經預言智慧型機器人將奪走工人的飯碗，這個場景也多次反映在科幻電影中。但迄今為止，工業機器人的密度（每一萬名工人擁有的機器人數量）遠遠不及科幻片裡的水準。

　　全球平均工業機器人密度為每萬人 58 個，中國僅為每萬人 21 個，德、美兩大製造強國分別為每萬人 253 個和每萬人 130 個，而在工業機器人普及水準最高的日本，也只達到每萬人 306 個。由此可見，以自動化生產為代表的工業 3.0 時代，製造業尚未實現智慧化生產。儘管日本等製造強國早已投資建設「無人工廠」，但目前的「無人工廠」還稱不上是用智慧型機器人全面代替人類員工。

　　隨著工業 4.0 浪潮的到來，傳統的大量標準化生產方式將逐漸退出歷史舞台。大量、多種類的個性化訂製將成為新的主流生產方式。生產組織型態會從集中式生產轉變為分散式就近生產。與此同時，工業網際網路的出現促使企業由「生產型製造」轉型為「生產服務型製造」。若要實現這些目標，都無法脫離智慧型機器人技術的升級。

　　按照各國專家的描述，智慧製造是工業 4.0 的核心，而智慧機器人又是智慧製造系統中最重要的硬體設備。為此，各國都是把研究智慧機器人做為第四次工業革命的重要項目，力求實現貫穿整個產品生命週期的真正「無人工廠」。從某種意義上來說，智慧製造系統最大的技術瓶頸，正是要依靠智慧型機器人技術來克服。

　　個性化訂製的消費模式在工業 3.0 時代已然出現。製造業為此還研究出數控工具機與彈性製造等新工業技術。彈性製造的優點是具有很強的生產靈活性，可以打造每個人獨一無二的個性化訂製產品。但是，彈性製造往往並沒有統一的技術規格與設計要求，很難用大量的流水線生產，只能依靠數控工具機的彈性製造設備。

　　所以，經濟學家與工程師在過去一直認為規模製造與彈性

製造是兩種無法相容的生產模式。彈性製造缺乏規模製造的高效率與成本優勢，而規模製造不具備彈性製造的高度靈活性和精細技術。

傳統的規模製造模式是透過產品、零組件標準化實現的。透過標準化來簡化生產製造技術與流程，以便智慧化程度較低的工業機器人能按照指令自動生產。這種自動化生產難以完成大量、多種類個性化生產的任務，抑制了彈性製造的規模效應。傳統製造業也難以充分滿足日益壯大的個性化消費市場。

隨著製造業的數位化、網路化發展，兩種截然相反的製造模式被整合為一體，形成新的製造模式，從而讓消費者的個性化需求充分體現在產品研發、製造、應用等環節。解決問題的關鍵正是智慧型機器人的廣泛應用。

從重複勞動到自主思考，智慧機器人的水準不斷提高

智慧感測技術的發展，讓智慧型機器人透過多種感測器產生「視覺」、「思考」、「交流」能力。雖然不像《霹靂遊俠》（*Knight Rider*）裡的智慧汽車那樣精通人類語言與思維方式，但是工業 4.0 的智慧型機器人完全能夠和其他機器人、產品、零組件及企業管理者、消費者進行資訊交換。

如此一來，智慧型機器人就可以用自己的「智慧」，對工作狀態與生產環境等情況做出自主判斷，即時檢測生產製造流程中的問題，並且根據「自我學習」的工作經驗（主要是工業大數據分析系統自動產生的解決方案），及時處理這些可能會影響生產的因素。

隨著工業機器人智慧水準的不斷提高，工業生產線將獲得

更強的適應能力與自主決策能力。工業 3.0 時代的「數控一代」產品，也會由此進化為「智慧一代」產品。

未來的製造業將會廣泛應用一種融合資訊、機械、材料技術的高度資訊化的積層製造技術。這種新型製造技術就是人們津津樂道的「3D 列印技術」。這種新型製造技術與智慧型機器人有著極深的淵源，甚至有專家預言，智慧型機器人和 3D 列印技術的完美結合，將會成為未來科技大爆發的引擎。

從本質上來說，3D 列印技術是一種高度智慧化的快速製造技術。智慧生產線是把加工完成的零組件依照個性化需求進行分類組裝；而 3D 列印技術則是直接從原材料開始快速生產零組件，並在此基礎上根據產品設計數據進行層層加工。例如，在《神偷卡門》（*Where on Earth is Carmen Sandiego?*）中，主人翁把一個小型設備插入鑰匙孔，該設備就能自動測量鎖的結構，並且馬上製造出一把能開鎖的鑰匙，這就是一種簡易的 3D 列印設備。

3D 列印技術把個性化生產發揮到極致，可以說是智慧型機器設備中最耀眼的明珠。儘管這種先進製造技術尚未成熟，但是已經被德、美、日、中等工業大國列為與智慧型機器人同等重要的發展項目。

在可以預見的未來，由智慧型機器人與 3D 列印設備組成的智慧製造系統，可以輕鬆製造出每個消費者需要的任何日常用品。而在高階工業領域，這種智慧製造系統將進一步提升智慧工廠的生產效率與靈活度。

從這個意義上來說，如果沒有智慧型機器人技術的極大進步，智慧生產線與 3D 列印等智慧製造技術便難以實現。工業 3.0 升級到工業 4.0 的一大重要特色，正是工廠機器人密度不再以每一萬名工人擁有的機器人來計算，因為經過升級的製造業

將擁有更多的無人化智慧工廠。智慧機器人已經取代人類的大部分工作,工廠的生產方式和經營方式將會發生徹底改變,將不再看到勞動密集型工廠裡動輒成千上萬名工人在流水線上作業的宏大場景。人與工業機器人的合作關係,也會從以人為主體,變成以機器人為主體。換言之,當大家走進一間超大規模的工廠時會發現,數以萬計的各類機器人正井然有序地執行各項工作。當生產線發現問題時,第一個跑到現場的不是工程師與機械修理工人,而是負責維修設備的智慧型機器人。

為了實現這個美好的想像,許多跨國集團紛紛增加工業機器人的數量,並且引進或自行研究以智慧型機器人為主導的新型生產線。

百萬機器人即將取代百萬勞工?

富士康在全球擁有 200 多家子公司與多達 120 餘萬名的員工,雖然經營的是高科技產品,但富士康工廠所採取的依然是勞動密集型企業常用的「人海戰術」。由於工作壓力大,管理不夠人性化,富士康常常被媒體諷為「血汗工廠」的典型代表。

隨著工業 4.0 概念在全球蔓延,富士康也雄心勃勃地提出「機器人計畫」,試圖用智慧型機器人來解決勞動成本上漲等製造業的常見難題。

但是,目前工業機器人的人工智慧水準還不夠高,功能也較為單一,難以從事複雜的製造工作,而且成本較高,所以富士康在短期內還無法完成華麗的產業升級。儘管如此,富士康依然打算在未來能以 100 萬個智慧型機器人大軍來代替 120 餘萬名生產工人,因為這是第四次工業革命的大勢所趨。

　　致力於工業 4.0 建設的各國，都把智慧型機器人當成工業 4.0 轉型升級的重要道具。

　　德國人工智慧研究中心（German Research Center for Artificial Intelligence, DFKI）執行長沃夫岡・瓦斯特（Wolfgang Wahlster）表示：當世界進入工業 4.0 階段後，人類可以建立全新的人與技術互動的方式，由智慧型機器人來適應人的需求，而不再是人來配合機器人的機械行動。未來的智慧工業輔助系統將擁有多通道的使用者介面。這使得生產線上的智慧型機器人，可以透過數位學習技術而不斷提高人工智慧水準。〈第三次工業革命〉（The Third Industrial Revolution）一文的作者，同時也是《經濟學人》（*The Economist*）的知名編輯保羅・麥基里（Paul Markillie）指出，具有高度智慧水準的工業機器人，就是第四次工業科技革命浪潮的主體。

　　總之，在製造業轉型升級的時代洪流中，智慧型機器人將愈來愈深入我們的工作與生活。如果忽視智慧型機器人的研發和推廣，整個工業 4.0 發展策略可能會從根基上產生動搖。

 **19** 當物聯網跨入其他產業

德國的工業 4.0 策略圍繞著五個層次進行升級：製造業的網路化；把各種數據轉化為資訊化內容；對虛擬網路化內容進行有效管理；讓機器人可以識別問題並自主決策；重新建立生產線及相關技術設備。由此可見，工業 4.0 發展的主要途徑是將網路技術融入製造業之中，形成一個龐大的工業物聯網。

所謂工業物聯網，是一種工業製造技術與網路資訊技術高度融合的新工業型態。企業把資訊化管理系統及其生產線上的機器設備融合為一個系統，使得各種資訊能在兩者之間直接流通。如此一來，企業就可以根據工業大數據做出更及時、準確的生產管理調配，從而大幅提高生產效率。

在工業 3.0 時代，技術密集型製造企業已經完成工廠裡機器設備的自動化，並且在管理階層建立企業資訊管理系統。工廠與決策管理階層在各自的體系內實現網路化，但是兩者之間的網路並未被整合在統一的智慧型網路之下。管理階層與工廠的溝通多半是人與人的溝通，而無法實現人與機器、機器與機器的無阻礙交流，造成高度自動化的工業 3.0 製造業與真正意

義上的智慧化還存在較大差距。

按照工業4.0的想像，未來的世界是一個網路化、智慧化的世界，虛擬世界與現實世界不再涇渭分明，甚至人、機器及資訊都是融為一體的。

物聯網的出現，為實現這個美好的想像提供突破點。

在過去，製造業的自動化生產不具備主動擷取資訊的功能，而物聯網的應用使得生產設備可以自動、即時蒐集製造過程中產生的各種數據，並將其上傳到物聯網體系中的大數據平台。在此基礎上，機器與機器之間可以透過智慧型網路來進行數據交換，而人也可以和機器及裝置智慧感測器的產品進行互動式密切連結，這個「人」包括企業管理者、研發人員、生產工人、消費者、企業的業務夥伴等。人、機器、資訊三者之間的聯繫，將因為物聯網而變得空前緊密。

如此一來，製造業就可以像行銷型網路公司那樣，及時掌握瞬息萬變的市場動態。

例如，在汽車製造業，企業決策者可以借助物聯網中的工業大數據工具，隨時了解全球汽車行業的動態，以及原物料價格的最新變化。在智慧數據分析軟體的支援下，決策者可以運用生產執行資訊系統來合理調整生產計畫，提高決策的科學性與生產效率，避免物力、財力、人力、精力的浪費。

從某種意義上來說，工業4.0就是物聯網融入製造業的產物。智慧工廠、智慧製造技術都是在物聯網發展成熟的基礎上產生的。因此，物聯網建設在第四次工業革命中，也受到各國的高度關注。

美國的「工業網際網路」概念，就是立足於用工業大數據來推動物聯網與服務網路的建設，讓工業化和資訊化的融合達到全

新階段。

奇異在這場工業革命浪潮中扮演「驅動者」的角色,該公司試圖透過工業網際網路建設來重組製造業的價值鏈,形成嶄新的產業物聯網。

自從將工業網際網路定為策略目標後,奇異就積極向軟體與服務領域進軍,頻頻收購具有先進網路技術和大數據服務的高科技公司。與此同時,奇異還宣布要降低集團對金融業務的依賴,並把製造業對公司的利潤貢獻率提高到70%(之前低於50%)。

物聯網把奇異旗下各單位裡的各種生產設備數據都集中到雲端服務平台上,從而使企業可以統一管理分散在世界各地的子公司與工廠。

根據奇異的研究人員分析,將物聯網中的人、機器、數據加以結合,能讓企業的營運變得更有效率且快捷。過去的許多猜測性決策,也由於大數據與物聯網的出現而變得愈來愈確定。管理階層可以站在更長遠的角度來制定方案,及時把握全球市場的潛在變化。

奇異的執行長傑佛瑞・伊梅特(Jeffrey Immelt)指出,工業3.0的自動化生產只是把「生產工程」做為改造對象,而工業4.0更注重資訊與通訊科技的應用,也就是把網路技術的應用對象擴大到整個製造業產業鏈。隨著工業物聯網與服務網路的不斷發展,智慧工廠將成為連結虛擬世界和現實世界的橋梁。

德國不少企業也充分利用網宇實體系統來完成製造業的升級,實現從研發、生產、管理到物流的「整體流程數位化」。借助物聯網這個管道,德國工廠甚至可以與美國的研發中心隨時進行資訊交換。

在西門子的眼中看來,物聯網的意義在於整合且最佳化產品

生命週期和生產生命週期，這也是工業 4.0 的內涵。西門子為了把物聯網融入製造業中，不遺餘力地開發工業資訊化軟體，還研究出配套的製造執行系統與整合自動化解決方案。這些先進技術將製造業納入產業物聯網中，產品上市週期縮短一半，工廠的生產方式也更具靈活性。

西門子與施耐德的雲端數據平台

為了推動「數位化工廠」發展，西門子推出封閉式迴路數據管理系統，這將讓虛擬的生產模型與現實的產品與設備得以保持一致。而做為全球能源控制與管理專家的施耐德電機（Schneider Electric），在搶占工業 4.0 制高點的過程中也毫不鬆懈，致力成為能源革命的領導者。

在施耐德電機的眼中看來，工業 4.0 實際上就是對物聯網的升級。物聯網透過數據傳輸與處理能力來控制機器設備，從而提升系統效率，並大幅降低耗能。整合所有的資訊流和數據流，就是物聯網建設的關鍵所在。

為此，施耐德電機運用工廠自動化控制系統解決方案等多種協同自動化技術，打造出能源控制與管理的物聯網。這些先進技術的整合，不但滿足製造業智慧化生產的效能管理需求，也為消費者帶來空前的開放性與靈活性。例如，該公司的「雲端能源管理平台」就是一款具有物聯網特色的工業大數據雲端平台。

雲端能源管理平台不僅能高效率地管理電、水、熱、氣等多種能源，還能利用大數據技術來檢測並分析設備耗能、運作狀況、節能潛力。換言之，雲端能源管理平台相當於全天候的

診斷器，可以直觀且及時地向人們展示建築的耗能狀況。這種設備具有初始投資少、容易操作、數據處理能力顯著等優點，讓使用者能充分感受智慧節能技術帶來的便利。

為了擴大自己的產業物聯網體系，施耐德電機還實行「雲端能源合作夥伴計畫」，與許多能源效率管理企業達成全面合作關係，共同使用自主開發的「雲端能源」管理開放平台。這個平台充分利用工業大數據技術，貫徹物聯網的「合作共贏，開放互聯」精神。

德國電器電子與資訊技術協會的祕書長伯恩哈德‧蒂斯（Bernhard Thies）指出，德國工業4.0是建立在物聯網基礎上的科技革命，資訊整合與系統整合就是這場革命的核心。

雲端運算、工業大數據等新興網路技術的出現，讓製造業得以建構一個開放性更強的智慧服務平台。這種智慧服務平台（物聯網）具有很強的互動性，可以幫助製造業整合更多的生產要素與資源，而設計研發、生產製造、物流配送等環節也會被納入智慧聯網中。製造業將因此克服彈性製造與規模製造之間的矛盾，從而獲得大量生產多種類、個性化訂製產品的能力。

總體來看，先進國家的物聯網建設有以下幾個特點：

第一，把資訊與通訊科技和工業製造技術進行策略性融合，制定各種技術設備解決方案。

第二，在製造業鋪設物聯網架構中，藉此挖掘市場潛力。

第三，調整商業模式，用物聯網來連結產業價值鏈上的所有利益關係人。

第四，加強網宇實體系統的行銷，將中小企業同步納入物聯網體系。

　　第五，政府投資升級高速寬頻等基礎設施，同時培養維護物聯網的技術工人。

　　第六，制定多方面的安全防範措施，以確保物聯網的系統安全與資訊安全。

　　在製造業中部署物聯網是工業 4.0 的必經之路，但是對全世界而言，物聯網的發展卻是一把雙刃劍。大數據的集中與系統的連結，也讓系統與資訊的安全性面臨嚴峻的挑戰。以歐盟為代表的先進經濟體，紛紛思考要如何加強物聯網管理的課題。在席捲全球的第四次工業革命浪潮中，沒有誰能獨立於世界之外，各國正在尋求積極合作，以開放、透明的協商方式來制定物聯網標準，以清除物聯網發展的絆腳石與潛在漏洞。

20 推動網宇實體系統的發展

　　各國對工業 4.0 的內涵與應用認知都有所不同。西門子工業部門主管洛斯福認為，工業 4.0 是由生產網路、虛擬與真實世界的融合、網宇實體系統三個要素構成的。其中網宇實體系統對前兩者的落實，有十分重大的意義。

　　依照德國的解釋，行動網路、社會化媒體、物聯網、雲端運算等新一代資訊與通訊科技，是工業 4.0 的主要驅動力。工業 4.0 體系將在網宇實體系統的基礎上，對機械製造、自動化、電子設備、軟體等技術進行深度融合，同時徹底改變傳統的企業生產模式、商業模式及營運管理模式，這個過程也被稱為製造業的智慧化演進。

　　工業 4.0 時代的製造業不僅能大幅提高生產效率與產品品質，還能有效降低資源消耗，並且滿足消費者對產品的個性化需求。個性化生產將成為工業 4.0 的主流生產模式。

　　在未來的智慧工廠裡，每個待加工的產品零組件都被輸入產品訂製需求數據。於是，產品零組件可以把這些數據做為生產指令，發送給智慧生產線，指揮生產線上的機器設備按訂製

要求完成製造加工。促成這種革命性轉型的，就是具有「即插即生產」特徵的網宇實體系統。

網宇實體系統是電腦技術、通訊技術、控制技術有機融合的產物，能對任何工程系統和資訊互動系統進行即時感知與動態控制，並提供相應的資訊服務。

從資訊化與工業化結合的角度來說，網宇實體系統的意義在於把不同的實體設備納入一個網路體系中，經過資訊與通訊科技改造的實體設備，獲得數據計算、即時通訊、精確控制、遠端協調及自我管理五個功能。從根本上來說，網宇實體系統就是一種具備控制系統功能的網路體系，比普通的控制系統多了開放、共享、資訊交換功能。

這種系統貫徹著一體化設計思想，將計算、通訊及實體工程整合在同一網路中。這不僅能讓大型系統獲得高效率協作的能量，也能提高安全性，還能衍生出新的高階功能。自從工業4.0概念問世後，網宇實體系統不但是全球科學界的重要研發對象，也是產業界優先發展的領域。從某種意義上來說，網宇實體系統已經掀起繼電腦、網路以來的第三個資訊產業高峰。

網宇實體系統在實務流程中嵌入計算和通訊兩大功能，從而讓資訊系統能與實務流程進行交互連動。其應用範圍十分廣泛，大到未來的全國智慧電網、農業灌溉網路等基礎設施，小到心律調節器之類的單一設備，都可以嵌入這種系統。

網宇實體系統可能是一種包含若干子系統的分散式異構系統。這些子系統的構造與用途各不相同，可能分散在不同的地理位置，透過智慧聯網來協調工作。因此，網宇實體系統應當是一個能夠自主「思考」的智慧系統。它不僅能從環境中蒐集數據、挖掘有用資訊，還可以依照系統來控制相關設備，對環境產生可

控制的影響。

美國國防部高級研究計畫局（Defense Advanced Research Projects Agency, DARPA）認為，網宇實體系統的大部分功能來自於軟體和機電系統。從這個角度來看，諸如太空梭、船艦、積體電路等，也屬於網宇實體系統的一部分。這種系統將實體過程和計算過程進行整合，從而讓資訊系統包含的虛擬世界與實體設備所在的現實世界進行交流。

貫穿醫療、交通、家居與環境的系統

在工業 4.0 時代，各個產業都將圍繞著網宇實體系統進行升級改造。例如，智慧家居、智慧醫療設備、智慧汽車、智慧高速公路、智慧交通管理系統、智慧航空器、智慧環境控制系統、分散式機器人、智慧生產線、智慧工廠等，都將嵌入各式各樣的網宇實體系統。

從某種意義上來說，工業智慧化就是由嵌入式系統轉變為網宇實體系統。第四次工業革命要求製造業能實現物體、資訊、服務之間的密切結合，形成一個連結虛擬數位世界與現實實體世界的智慧型網路。網宇實體系統可以實現智慧物體之間的即時互動，創造一個高度智慧化的網路世界。

在未來的智慧工廠與智慧城市中，把虛擬世界變得視覺化的「實現技術」，將變得至關重要。這種技術是締造物聯網和服務網路的基礎，而網宇實體系統就是實現技術中最具代表性的一種。

第四次工業革命的主題之一就是「融合」。在工業 4.0 時代，代表虛擬世界的「資訊」與代表現實世界的「實體」，

將被融合到同一個高度智慧化的網路體系中。這個網路體系是由大數據雲端平台、物聯網、服務網路、工廠、科學研究機構、供應商、消費者等部分共同構成，而網宇實體系統就好比是這個網路體系的神經中樞。機器設備、數據流程、物流、資金流也將融為一體，許多工業領域都會因此形成新的產業價值鏈。

從這個意義上來說，網宇實體系統就是各大企業建構全球性工業網際網路的重要工具。唯有在這個系統的架構下，生產設備、倉儲系統、物流系統、工業產品等現實世界的事物，才能與大數據、智慧分析軟體等虛擬世界的事物密切連結。

在製造業領域中，網宇實體系統主要包含以下部分：能夠獨立交換數據的小型智慧型機器、能自動記錄資訊的儲存系統，以及高效率運作的產品管理設備。

這三個部分都具有較高的人工智慧水準，既可以獨立完成任務，也能相互控制。由此建構的網宇實體系統，不但能有效控制整個生產生命週期與產品生命週期的生產流程，還能隨時檢測原物料的庫存、供應鏈狀況和生產設備的潛在故障。

當企業決策者的生產指令輸入系統時，網宇實體系統會將每一道指令都擴散到整個產業物聯網。從縱向角度來融合公司的整個生產過程與商業流程，並從橫向融合中即時控管衍生的價值體系。

可以說，如果沒有網宇實體系統，就不會有工業4.0的智慧製造與智慧工廠。

智慧工廠追求的是即時性智慧化生產。生產系統的管理、產品的研發與組裝、設備故障的處理，都具有極高的自動化程度，而不再是由工人操作。想要實現這一點，就必須提高機器

設備的靈活性和學習能力，也就是人工智慧水準。這就需要網宇實體系統的智慧聯網來最佳化各個智慧設備的性能，並且有效交換生產流程中產生的數據，以供各個智慧設備「學習」（自動儲存系統產生的解決方案）。

隨著網宇實體系統的不斷完善，智慧工廠將會不斷加強對整個產業價值鏈的駕馭能力。小到含有微型智慧感測器或智慧晶片的單一產品和零組件，大到多個生產單元、生產線，乃至多間工廠的協調與監控，都能透過網宇實體系統完成全面最佳化。

工業4.0時代的製造業將是一個由多家智慧工廠聯合而成的智慧生產體系。網宇實體系統將廣泛應用於自動化技術、汽車、船舶、機械工程、能源管理、物流運輸、遠端醫療等工業領域。網宇實體系統不但能夠降低各個環節的生產成本，提高資源與能源的利用率、縮短產品上市週期，並且降低工業對環境的汙染。

隨著網宇實體系統的普及，整個製造業將在未來形成附加價值更高的新型產業鏈，並演化出新的商業模式。由於網宇實體系統將產品的最終使用者連結到智慧生產體系，每個消費者可以全程體驗到智慧工廠提供的最佳化產品製造流程，將使得製造業從傳統「自上而下」的生產模式，轉變為「自下而上」的新型生產模式。

工業4.0的出現完全顛覆傳統的生產流程，製造業的組織型態也將從「集中型」變為「分散型」。正是因為有了網宇實體系統的強大通訊功能，才使得這一切化為可能。分散於不同地域、不同產業、不同主體的智慧設備，透過這個系統打通虛擬生產與現實生產之間的交互關係，成為產業物聯網的一個部分。

由此可見，開發新的嵌入式系統，並建立適用於不同領域的網宇實體系統，將成為第四次工業革命的重要基礎建設工作。隨著工業 4.0 不斷整合資訊、生產體系、物流體系、服務網路，推動網宇實體系統建設的重要性也將會更加顯著。

21 智慧生產與智慧工廠

第四次工業革命是網路技術與先進製造技術的完美融合。無論是最先提出工業 4.0 的德國,還是致力發展工業網際網路的美國,都把智慧生產與智慧工廠視為工業 4.0 時代的核心。

科學界曾在 20 世紀預言,智慧型機器人將在未來完全代替人類工作,高度數位化的無人化工廠會成為生產製造業的主流。然而,在以自動化生產為主的工業 3.0 時代,再高度自動化的生產設備也無法脫離工人的操作。隨著第四次工業革命的降臨,這個夢想將不再是科幻電影中的美好願望,而變成活生生的現實。

根據西門子洛斯福的解釋:工業 4.0 時代的工廠將變得高度智慧化,甚至連產品零組件也會獲得智慧。智慧生產線會根據產品零組件中事先輸入的需求資訊,自動調節生產系統的配置,指揮各個機器設備製造出千變萬化的個性化訂製產品,這就是未來的智慧生產與智慧工廠的概況。

在德國,智慧生產被定義為「數位化生產」。工程師的繪圖技術在智慧工廠中將變得不再那麼重要。因為在「數位化生

產」模式中，產品的設計研發、零組件製造、生產組裝，都是在同一個大數據平台上完成。「先研發，後生產」的傳統製造節奏不會出現在智慧工廠中，研發與生產幾乎是同步進行的「數位化生產」，已經不再需要紙本的設計圖。

不用紙本設計圖的「數位化生產」模式，不僅節約大量紙張，也大幅壓縮產品的研製週期與上市時間。此外，這種智慧生產模式讓工人的工作方式也產生很大的變化。在未來的智慧工廠中，負責產品零組件裝配的工人無須再親自動手，他的工作台上會有若干不同類型的零件盒，每當智慧生產線上的自動引導小車運來某種待加工產品時，電腦就會從大數據平台中擷取相關資訊，生產線的智慧感測器會自動掃描待加工產品的條碼。然後，該待加工產品會經過智慧生產線上的數十個品質監測節點，被智慧機器人安裝上各種所需的零組件。

工人的主要任務就是對產品加工流程進行「視覺檢測」。經過智慧生產線的多次裝配與品質檢測後，加工完畢的成品就會被傳送到進行包裝的位置。

在工業3.0的自動化工廠中，產品的包裝與裝箱仍然未能完全脫離人工。但是，在工業4.0的智慧工廠裡，這些工作都會由智慧型機器人來完成，機器人把裝好的產品用升降梯與傳送帶發往企業的物流中心。依照傳統的生產流程，要完成這一系列任務需要數十名，甚至上百名工人；而智慧工廠的工人不需要手工完成上述工作，其主要任務就是對產品加工、包裝、分配流程進行「視覺檢測」，監督智慧生產線的運作狀況。

一個人能達成過去上百人的生產效率，而且保持更好的產品品質，將操作失誤降到最低，這便是智慧生產模式與智慧工廠的魅力。

網路經濟的發展，讓全世界形成一股虛擬經濟與實體經濟跨界整合的潮流，這也對製造企業提出更高的要求：

首先，企業必須縮短產品上市的時間。

網路技術的發展，讓社會發展節奏不斷加快。在這種大環境下，更新速度成為各種企業克敵制勝的法寶。假如研發與生產週期還停留在原有水準的話，企業就會不敵產品更快上市的競爭對手。

其次，企業必須改變提高生產效率的方式。

傳統工廠提高生產效率的辦法，主要是讓工人嚴格按照經過反覆研究的標準化操作規範來作業，並且不時地加班。這種高投入、高耗能的工作方式，已經愈來愈難以提高工廠的生產效率。

最後，變幻莫測的個性化市場需求，促使生產製造流程必須具有更高的靈活性。

立足於大量標準化生產的流水生產線，是第二次工業革命最重要的發明之一，這使得人類的工業製造水準大幅提升。儘管第三次工業革命催生自動化生產線、數控工具機、彈性生產線，但大量標準化生產依然是製造業的主要生產模式。隨著個性化消費日益成為市場主流，生產大量、多種類的個性化訂製產品將成為製造企業的主要任務。這就要求生產製造流程必須具有高靈活性，以適應個性化生產的要求。

融合虛擬生產與現實生產的智慧工廠，就是被市場需求新形勢催生而出的。以網路化生產與數位化製造為特徵的智慧製

造模式，正在成為決定企業發展成敗的關鍵。

智慧工廠的運作，無法脫離創新的軟體與強大的硬體，其中最重要的就是產品生命週期軟體。產品生命週期包含最初的方案設計、技術測試、生產規劃，以及流水線上的加工組裝、外形包裝、裝箱等環節。產品經過物流配送到最終使用者手上時，才算完成一個週期。隨著工業 4.0 體系的進一步完善，產品生命週期甚至會延續到產品報廢回收的階段。

智慧生產模式可以借助產品生命週期軟體來最佳化產品生產流程，這也將促使企業改變原有的生產管理方式，並調整自己的組織結構。

從根本上來說，工業 4.0 策略之所以會把智慧生產與智慧工廠視為核心發展內容，是為了在生產者與最終使用者之間建立直接聯繫。若想要實現這個目標，製造業就需要在三個層面上努力升級：

第一，建立靈活的生產網路。

所謂靈活的生產網路，指的是融入先進網路技術的個性化生產體系。美國的「工業網際網路」就是以此為重點研究對象。傳統的 C2B（Customer to Business，顧客對企業）商業模式是先下訂單再生產。物聯網發展成熟時，消費者與工廠的智慧生產線就可以透過同一個大數據平台實現直接連結。

例如，在工業 4.0 時代的智慧工廠裡，消費者可以對汽車等產品進行「客製化」預訂。從提出需求開始，智慧型網路能隨時把生產商的資訊傳達給最終使用者，最終使用者也可以借助虛擬視覺化等技術參觀智慧工廠的「模擬生產」，見證靈活高效率的智慧生產流程。智慧工廠已經能做到自主生產，省去工廠管理階

層、研發部門、生產部門開會協調工作的環節。如此一來,消費者就能更快、更便宜地獲得自己想要的個性化產品。

第二,工業大數據的運用將為製造業帶來巨大的商機。

工業大數據的價值主要體現在三個方面:首先,大數據技術能提高工廠的能源利用率;其次,大數據技術讓工業設備的維護效率提高,又實現品質的突破;最後,大數據可以最佳化生產流程,並簡化營運管理方式。

例如,智慧工廠可以在工業大數據的幫助下製造出智慧汽車引擎。智慧汽車引擎上安裝多種微型智慧感測器,這些感測器會自動蒐集汽車在行駛狀態下的各種數據。智慧感測器與智慧工廠的工業大數據平台保持聯網狀態,可以即時將蒐集的數據傳輸到大數據中心。大數據中心的智慧軟體分析系統可以自動對汽車運行狀況進行精確檢測,甚至預測汽車在未來可能發生的故障,從而增加汽車安全性與智慧引擎使用的壽命。

第三,智慧型機器人與智慧生產線將被製造企業廣泛應用。

西門子曾在 2014 年德國漢諾威工業博覽會上展出新研發的智慧生產線。在圍觀觀眾的讚嘆聲中,兩個智慧庫卡(Kuka)機器人進行完美協作,熟練地裝配福斯第七代 Golf 汽車的車門。

智慧型機器人最令人心醉的並不是精準快捷的裝配技術,而是可以實現 M2M 模式的「機器對話」。智慧生產線將人、機器、資訊融為一體,其中最主要的是機器與機器之間的「溝通」。假如前一個智慧型機器人加快速度,後一個智慧型機器人就會自動收到前者發送的資訊。如此一來,兩個機器人即可

靈活而有默契地改變工作內容。前幾分鐘自動安裝車門，後幾分鐘變成合作安裝方向盤，並且噴漆。這種立足於「機器談話」的智慧生產，是對工業 3.0 自動化生產的跨越式升級。

由此可見，工業 4.0 時代的智慧化生產模式，將為人類的生產與生活帶來前所未有的巨大變化。例如，生產線上的工人將會愈來愈少，可以相互「溝通」的智慧工業機器人愈來愈多。

截至目前為止，全球製造業裡的工人與機器人比例還遠遠未能達到「無人化工廠」的標準。日本工廠平均每一萬名工人占有 306 個機器人，這是全世界的最高紀錄，相較之下，韓國工廠只有 287 個，德國工廠 253 個，美國工廠 130 個，而中國工廠僅有 21 個。從這個角度來看，工業 3.0 時代的自動化生產尚未完全讓製造業擺脫人海戰術。特別是擁有「世界工廠」之稱的中國，對工業機器人的需求十分迫切。

在機器人發展史上，工業 4.0 時代對應著機器人 2.0 時代。2.0時代的機器人不再完全受制於按鈕操控的自動化設備，而是可以與工人進行人機合作，並且對環境與任務進行靈巧的感知。

隨著人口優勢的逐漸消失，中國對智慧型機器人與智慧化無人工廠的需求將會愈來愈大。

但洛斯福指出，未來的「無人工廠」並不是完全淘汰工人，而是把工人從體力勞動與簡單腦力勞動中完全解放，扮演更有創造性和挑戰性的角色。例如，技術創新、策略規劃、生產監督及協調維護智慧型機器的正常運作等。可見，以智慧生產與智慧工廠為重心的工業 4.0，將會對工人的素質有更高要求。

22 未來的智慧工廠：
零件與機器的交流

工業 3.0 時代誕生的資訊技術徹底改變人們的生產及生活方式。隨著網路的日益普及，全世界都被連上網路體系，大家可以透過線上社群工具與身處另一半球的人們輕鬆交流。到了工業 4.0 時代，資訊技術將進一步突破虛擬世界與現實世界之間的障礙。每個人與每個機器都生存在一個智慧化、網路化的世界。特別是在智慧工廠的智慧型網路中，人與人、人與機器、機器與機器，甚至零件與機器都可以實現自由「溝通」。

智慧製造是工業 4.0 的核心，而什麼又是智慧製造的核心？答案是「溝通」。

所謂「溝通」，是指資訊的交換。智慧工廠的「溝通」並不是把數據從這台電腦傳輸到另一台電腦就了事，而要讓資訊交換涵蓋產業物聯網中的所有環節：

在人與人溝通的層次：工人、科學研究人員、產品設計師、管理者及最終使用者在智慧型網路的幫助下，能夠做到全程密切結合，隨時隨地進行交流。

在機器與機器溝通的層次：管理者的大數據平台、產品設計

師的電腦、智慧生產線上的設備、物流配送中心的控制系統能實現即時數據共享，精準快速地協調整個智慧生產線，甚至智慧工廠的工作流程與內容。

在零件與機器溝通的層次：每個待加工的產品和所需零組件，都能與生產線上的智慧感測器進行「對話」，讓所有的智慧型機器人能準確理解個性化生產作業的相關要求。

在智慧化的工業製造流程中，機器與機器之間的「溝通」時間最多只有百萬分之一秒，否則就無法做到高效率且精準地進行個性化生產，因此要求生產線上的所有設備都要具有更高的人工智慧水準。

首先，機器設備要能即時記錄自己在生產過程中產生的數據。特別是在生產大量、多種類的個性化訂製產品時，機器設備應當做到自動記錄每個產品與零組件的相關數據。

其次，不同機器之間可以進行資訊交換。假設機器 A 讀取九種個性化訂製產品的需求資訊，就能自動把相關資訊傳遞給機器 B、機器 C，甚至是整個智慧生產線上的機器設備。

再者，智慧型機器能夠「學習」大數據中心分析的「經驗」，不斷進化自己的智慧水準，從而對生產流程中的各種情況做出準確預測，並能自行組織與協調生產。

未來的智慧工廠將由智慧型網路、智慧分析、智慧製造、智慧物流等體系共同構成。從最初的使用者數據擷取到最終的產品回收服務，每一個環節都可以進行智慧分析。

未來的全球製造業將面臨許多嚴峻的挑戰。資源與原料愈來愈缺乏，具有較強汙染性的傳統能源也即將枯竭，新型能源

的應用卻尚未普及。不少國家因為生育率太低（甚至是負成長）已經進入高齡化社會，這意謂著傳統的勞動密集型製造業即將失去大量的勞動力資源。以網路與金融為主導的虛擬經濟發展速度極快，剝奪傳統製造業的優勢，導致許多先進國家出現「去工業化」與「產業空心化」現象。與此同時，脫離實體經濟（主要是製造業）的虛擬經濟已經變得泡沫化。網路公司紛紛跨界整合傳統產業，不適應網路經濟環境的製造企業可能被兼併，甚至破產。

為了克服這一系列的困難，先進國家提出以智慧製造與智慧工廠為核心的工業 4.0 策略。從某種意義上來說，工業 4.0 就是利用網路技術推動製造業的智慧化轉型。

未來的智慧工廠將具有極高的資源利用率，符合世界提倡的低碳經濟精神。新能源和新技術的採用與智慧生產線技術的成熟，讓生產製造流程變得透明化，不可見的影響因素被一掃而空。決策者可以借助智慧分析軟體快速處理「零件與機器之間的交流」，生產製造流程產生的巨量數據。

在產業物聯網和大數據雲端平台的協助下，智慧工廠可以追蹤整個產品生命週期，蒐集更完整的產品數據，從而更準確地挖掘使用者的個性化消費需求。這將使得企業與最終使用者、合作夥伴處於同一個智慧型網路之下，三方可以隨時隨地密切溝通、交換資訊。最終使用者可以直接參與智慧工廠的整個生產流程，並透過虛擬視覺化技術來見證「零件與機器的溝通」。

德國夫朗和斐應用研究促進協會的製造設備與生產技術研究院（IPK）和柏林工業大學的工具機與工廠管理研究所，曾聯手打造一個具有生產自我組織能力的示範性智慧工廠。該工廠透過五個技術創新，實現「零件與機器相互交流」的智慧化生產：

第一，給所有生產設備、待加工產品與零組件、生產線上的智慧機器人安裝網宇實體系統，使其具備無線連網功能，形成智慧聯網。

第二，採取「部件控制工廠的新型生產模式」。待加工產品與零組件不再由中央控制器來進行調配，而是直接和生產設備進行資訊交換，從而根據加工需求自動傳送到相關設備之處。

第三，負責下一道工序的生產設備，獲得直接調用待加工產品與零組件的許可權。工廠在地下鋪設智慧感應線路，運輸小車可以根據接收到的數據，把所需零組件自動送到智慧型機器人手中。

第四，每個待加工產品與零組件透過智慧晶片等技術，自行攜帶包括生產銷售文件在內的產品訂製要求資訊。這些資訊涵蓋全部生產工序，足以讓智慧生產線上的每一台機器設備知道自己要做什麼。

第五，一旦製造出現差錯，或者消費者提出的訂製要求與現有的大數據庫紀錄不符，智慧生產線就會立刻向研發部的工程師示警。然後，智慧分析軟體會主動設計一個改進方案，並且馬上在一個虛擬的試驗環境中試行。如果沒有問題，再將新的生產方案用無線網路發給產品的網宇實體系統。

若要實現工廠的智慧化轉型，企業應當從以下幾個方面進行變革：

第一，製造技術要與網路技術充分融合。

智慧工廠的先決條件正是生產計畫數位化，並且廣泛運用各種電腦輔助技術。在這個基礎上建立由生產計畫系統（Production

Planning System, PPS）、網宇實體系統、數位模型系統（Digital Mock-Up System, DMU）、產品生命週期管理系統等子系統組成的智慧生產體系。

在工業 4.0 時代，智慧工廠將採取更靈活的分散式組織結構。在網宇實體系統與大數據平台協調下，自主程度極高的智慧化生產設備將分散布置，以節點的形式緊密連結在一起。這將形成一個更有開放性與靈活性的生產組織型態，讓智慧工廠可以提高約 30% 的生產效率，並更有效地處理複雜多變的個性化市場需求。

第二，產品製造個性化。

生產方式高度靈活的智慧工廠，能夠最大限度地滿足消費者對個性化訂製產品的多樣化需求。經濟學家預言，個性化消費將逐漸在未來市場中占據主導地位。這種消費模式高度個性化、經常改變、需求量大。為此，智慧工廠必須具備大量生產多種類個性化產品的能力。

智慧技術的發展，讓零件與機器之間可以進行「交流」。智慧生產線上的機器人具有「思考」能力，各種智慧感測器可以將生產製造流程中的一切翻譯成機器聽得懂的訊息。而產品與零件上附加的智慧晶片，將變成一個發信器，主動把每一件個性化產品的生產要求「告知」機器設備，而機器設備透過資訊互動技術，自主協調個性化生產的流程。

除此之外，產品的最終使用者也可以借助網路與智慧工廠進行全程密切交流。無論是下訂單，還是產品款式的設計，產品的加工、裝配、測試、包裝、配送，都可以被最終使用者全程瀏覽。使用者可以參與任何一個環節，修改自己感到不滿意

的細節，未來的智慧工廠將能把個性化訂製的產品製造模式發揮到更高境界。

第三，工作環境與生產方式人性化。

傳統製造業為了提高生產率，往往藉由延長工人勞動時間或增加生產班次的方式。特別是低技術的勞動密集型工廠，工人的工作環境十分惡劣，企業生產方式也不夠人性化，因此產生許多社會問題。

智慧工廠無疑會大幅減少製造業對勞動力的需求。然而，當工廠完成智慧化轉型後，在職工人將徹底從繁瑣、辛苦的體力勞動中得到解放，並且將工作重心從低階腦力勞動轉為技術創新、管理創新等更高層次的腦力勞動。工作環境與工作方式都將變得更加人性化。

工業 4.0 時代的製造業採取的是分散式的生產組織型態。由於產業物聯網的存在，整個產業價值鏈形散而神不散，反而比傳統集中控制式組織型態的合作能力更強。分散式組織也讓工人的工作時間和工作方式變得更為靈活，他們可以透過智慧型網路隨時隨地與管理者、同事、業務合作夥伴、產品使用者、生產線上的智慧型機器人等產業價值鏈相關方保持交流溝通。就算坐在家裡辦公，工人也能遙控高度智慧化的「無人工廠」。

23 從縱向、橫向與端到端進行的 產業整合

德國漢諾威工業博覽會主要包含七個主題展覽：工業自動化技術、新能源技術、行動技術、數位化工廠、工業供應技術、綠色工業技術、科學研究與技術。從本質上來說，這七個主題展覽都緊密圍繞著工業 4.0 策略展開。本次工業博覽會的核心話題是「產業整合」。透過上述七個領域的技術整合，打造出一個產業整合的智慧製造體系。這不僅是工業博覽會的熱門話題，也是未來工業 4.0 建設的必經之路。

按照德國專家喬陳‧克科勒爾（Jochen Köckler）的解釋，數位化經濟浪潮已經從智慧家電、智慧汽車蔓延到智慧工廠。以智慧工廠為代表的智慧製造體系就是「產業整合」所追求的目標。

所謂「產業整合」，就是整合產業價值鏈與各種軟硬體技術設施，從而讓生產製造體系具備快速反應能力，足以在最短的時間內適應全球市場動態的變化，並且滿足特定消費者的個性化要求。

在實現產業整合的智慧製造體系中，產品、零組件、加工設備、智慧機器人、物流運輸系統等所有要素，都將被網宇實體系統納入統一的智慧聯網，各個要素能在網路中自動交流，從而實現資訊的互通。

如此一來，工人就無須再透過流水生產線來一站接一站地傳遞待加工零件。在智慧製造體系中，每個待加工產品都能獨自在生產線上啟動一個「模組化處理中心」，進而自主指揮智慧型機器人進行相關操作。

未來的智慧生產線具有極高的「彈性」與「思維能力」，可以靈活地生產多樣化的個性化訂製產品。生產線上的各個機器設備可以自動通訊，隨時接收來自大數據雲端平台或產品本身的數據，並與控制中心進行「溝通」。在這種機器與零件都能充分互動的生產環境中，無論是小量、單批次生產，或是大量、多批次生產，都能達到靈活性和生產效率的最佳化。

由於工業4.0時代的智慧工廠可以實現自行運作，零件和設備能夠越過人的指令「自行溝通」，多種企業的跨產業合作整合模式將成為製造業的主流。這意謂著製造業不能把視野局限於自身領域，而需要多與資訊通訊產業等相關產業進行交流合作。前文提及用資訊與通訊科技改造傳統製造業，就是一種融合工業化與資訊化為一體的產業整合。如果不重視這一點，傳統製造業再發達，也將會在第四次工業革命中落後。

德國資訊技術、通訊和新媒體協會（BITKOM）與夫朗和斐應用研究促進協會認為，「工業4.0」的產業整合將會在以下領域率先完成：機器設備製造業、汽車製造業、機械化生產農業、化學工業、電子技術產業、資訊工程、新能源產業。

即將率先達成整合的七大產業領域

以新能源產業為例，傳統能源系統正在向產業整合化的新型能源系統轉型。先進國家在現有大型發電廠的基礎上，投資建設分散式可再生能源發電設施，從而逐步建設一個個小型智慧電網。這個轉型的關鍵是升級與擴建能源傳輸網路與資訊網路。傳統的能源系統主要依靠數十個中央發電站連結而成，而未來的能源系統呈現出分散化的特點，由數千個小型天然氣、太陽能、風力、生質能發電設施共同構成。

由此可見，未來的能源系統不只是綠色環保，還具有較高的人工智慧水準。經過產業整合升級後，輸送能源的智慧電網將與消耗能源的終端設備實現智慧互動，不斷根據終端需求來調節能量輸出，從而讓能源利用率更高。若想要完成這個目標，就少不了多個產業的互動與合作。

產業整合不僅可以提供資源利用率，還能提升企業對市場動態的反應速度，更能滿足逐漸趨於主流的個性化消費需求。假如各個行業、企業、工廠還延續工業 3.0 時代涇渭分明的經營模式，就無法確保製造流程的靈活性足以達到市場需求。

若想建設產業整合的智慧製造體系，先要將大數據、雲端運算等資訊與通訊科技充分融入工業生產之中，打造一個讓各個單位與各種設備都能同步協調，並且生產流程徹底網路化的生產製造系統。其中的一個重要挑戰，就是相關產業的標準化建設。

就目前而言，許多公司的資訊技術系統都有自己獨特的設置。而未來的智慧製造體系需要相容一切連上產業物聯網的零組件、設備及工廠。假如缺乏一個業內共用的技術標準，設備與技術的整合就無從談起，產業整合更是寸步難行。因此，有

識之士將「產業整合」視為工業4.0時代的重要趨勢，呼籲各界共同探討產業整合的標準化問題。

就實際上來說，「整合」在工業領域與資訊領域並不是新概念。曾有學者從資訊化的角度來分析產業升級的四個階段：鋪設基礎、單向應用、綜合整合、整合創新。未來的智慧製造體系將為人們帶來空前的資源整合能力與技術創新能力。假如沒有技術設備的綜合整合，智慧製造體系就不可能達到第四個境界。

前文曾經提到，工業4.0實現「縱向整合」、「橫向整合」、「端到端的整合」三種不同層次的整合。

其中，「縱向整合」指的是技術研發、產品設計、零組件生產、產品製造、企業營運、生產管理、物流服務等生產製造流程各環節的整合。

「橫向整合」指的是智慧工廠與各級供應商、銷售商、最終消費者之間的整合。透過大數據平台與網宇實體系統實現全程密切結合，隨時隨地能進行溝通互動。

「端到端的整合」是指智慧工廠對整個產品生命週期的控制，從原物料進入工廠端到產品送入使用者端，都實現智慧化整合。

只有實現這三個層次的整合，才稱得上是工業4.0時代的智慧製造體系，這就要求製造業從現在開始做好五個方面的整合工作：

第一，研發設計環節和製造環節的整合。

第二，企業資訊管理與生產機器控制的整合。

第三，生產、供應、行銷等環節的整合。

第四，財務管理系統與業務流程的整合。

第五，企業策略決策模式與工業大數據的整合。

　　從某種意義上來說，產業整合的智慧製造體系是系統的系統，一個多種產業、行業、企業集合而成的智慧生態系統。這個生態系統主要包含五個層次：智慧產品構成的系統、產品製造環節構成的系統、各級供應網路構成的系統、企業營運流程構成的系統、客戶關係管理構成的系統。

　　在這個生態系統中，所有的要素都實現智慧化與網路化。不僅是設備與設備，人與人、人與物之間的聯繫也愈來愈緊密。各種不斷互動的要素構成一個個小型系統，無數小型系統又整合為更大的系統，最終形成整個智慧生態系統，而由多種產業整合的智慧製造體系正是這個生態系統的核心。

　　由此可見，製造業的智慧化如同單細胞生物進化為多細胞生物，從單一產品的智慧化不斷整合，從而實現不同層次與不同領域的智慧化轉型，最終演變出一個產業整合的智慧製造體系。

　　目前各先進國家都致力打造這種極端複雜的智慧製造體系。透過技術與產業的整合來改變工業 3.0 體系中的資訊流、產品流、資金流的運作模式，逐步重建新的產業價值鏈與智慧生態系統，以求贏得第四次工業革命的主導權。

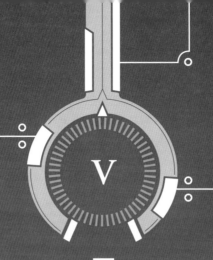

V

工業4.0策略：

智慧互聯系統引領的
強國策略

　　隨著網路資訊技術的發展，工業製造與資訊網路融合的速度愈來愈快，網路、資訊技術、自動化技術等方面的交互融合產生新的價值鏈。在製造領域，這種各方面資源的相互融合，促使虛擬世界與現實世界逐步融合在一起，這種現象被德國政府稱為「工業 4.0」。

　　德國政府推行的工業 4.0 策略，就是想要透過製造業的智慧化來維護其在全球製造業中的霸主地位。我們的製造業若想要迎頭趕上，就必須加快自身的轉型速度，在智慧工廠等領域打造全球性公司，將製造業研發的重點放在智慧化和自動化的研究上。

　　如果工業 4.0 展開全面推廣，中國在製造業所擁有的獨特優勢將被大幅削弱。因為智慧工廠生產的產品可以滿足顧客更多個性化需求，使得產品在各方面更勝一籌，屆時中國「製造大國」的地位將會受到嚴重威脅。

　　工業 4.0 是以智慧化機械做為生產工具進行生產，這就要求製造企業必須從事相關方面的研究工作，因此中國製造業就要把研究重點放在智慧化上，如此一來，才能確保中國在未來依然處於製造強國的位置。中國必須加速提高生產效率、自動化、智慧化等方面的整體水準，而中國製造業面臨的最主要問題是如何降低生產耗能。目前中國已經在智慧化研究、自動化專案建設中取得重大進展。

24 智慧聯網下的產業優化

　　2010 年前後四年的時間裡，除了德國之外，歐洲國家深陷債務危機之中，當時的德國經濟在整個歐洲可謂鶴立雞群。德國經濟之所以能持續成長，主要是藉由製造業所贏得的國際競爭力。對德國而言，促使經濟持續成長的便是國家製造業，這也成為德國工業成長的主要因素。基於這種認識之下，德國政府加大技術創新的推行力道。這一點主要體現在最新的工業革命上，也就是「工業 4.0」。

　　2010 年，德國公布國家的高科技策略，其中提出眾多對製造業發揮重大作用的新政策，這些政策都以促進德國製造業發展為目標。為了讓新政策得到具體落實，隨後德國制定「十大未來專案」的持續發展計畫，並決定在 2012 年到 2015 年裡挹注 84 億歐元。這幾個專案就是「工業 4.0」計畫中的未來項目，德國政府把它們與能源供給結構改革等專案共同列為十大未來發展專案。而其中的「工業 4.0」，最根本的就是透過深度應用資訊與通訊科技，全面掌控從消費到生產各方面的所有環節，並藉此實現高效率生產和管理。其中，有兩點是必須理

解清楚的：

第一，工業 4.0 的進化過程。

工業革命 1.0：第一次工業革命始於蒸汽時代（18 世紀末），在 19 世紀中葉結束，使手工生產被機器生產所取代。社會經濟逐步從以手工業、農業為主的小農經濟，發展成為以工業和機械製造等促進經濟快速發展的新模式。

工業革命 2.0：第二次工業革命於 20 世紀初產生，逐步形成以機器生產為主的生產模式。將機器生產分為零組件加工與產品裝配相互結合的生產方式，使產品成功實現大量生產。20 世紀下半葉，隨著資訊技術的快速發展，工業生產中運用資訊技術的地方愈來愈多，如此一來，就成功實現高效率和優質生產。

工業革命 3.0：第三次工業革命在第二次工業革命還未結束時就已經開始了，主要是以實現生產高度自動化為變革目標。第二次工業革命與第三次工業革命的交叉進行，使得社會生產逐步由人類作業過渡到機械作業。

工業革命 4.0：未來十年，第四次工業革命將逐步展開，社會生產由「集中化」步入「分散化」，第四次工業革命將資訊與通訊科技逐漸實現即時管理。

透過資訊網路，將所有生產設備連結在一起進行智慧化生產，是工業 4.0 最具表現力的一面。德國製造業中的任何行業都致力於該方面的研究，並為此放寬政策限制，加大支持力道。

工業 4.0 在傳統生產模式的理論上產生顛覆性的進化，讓技術方面也呈現出顛覆性變革。同時，生產模式的顛覆性發展，顯示出生產製造方面虛擬與現實的結合，在建構新型智慧化生產模式中發揮不可替代的作用。未來，工業的機械化生產不再

只局限於產品「加工」，屆時的產品可以透過資訊處理技術對機械下達操作指令，一切生產程序都由機械來完成。

網宇實體系統的出現，成功實現虛擬空間與現實世界的有效連結，使智慧物體之間的通訊產生作用，創造出更快速的網路世界，網宇實體系統體現數據傳輸技術的進一步強化。網宇實體系統是建構物聯網的基礎，可以加快「服務網路」的一體化，有效實現工業 4.0。這些技術都屬於「實現技術」，用於培育創新型應用或更高效能的網路空間，削弱虛擬世界與現實世界之間的界限。實現技術幫助個人通訊完成有利變革，同時也為我們和現實世界之間的聯繫帶來根本性變革。

工業 4.0 最主要的任務就是推動生產的智慧化發展，基於高效能的數據傳輸技術與數位資訊技術的相互融合及相互作用，將加強生產的全球化變革。例如，智慧手機所延伸的諸多應用與服務，已經遠遠超出手機最主要的通話功能。由於新型智慧化供應商的不斷湧現，使工業生產的價值鏈有了新的發展，所以智慧互聯將對現有業務與市場模式產生顛覆性革新。汽車工業、能源經濟，甚至是工業 4.0 生產方面的各個部門都會因為價值鏈的革新，而產生新的顛覆式變化。

第二，未來智慧製造業的樣貌。

在未來的製造業中，智慧型網路的作用將會愈來愈重要。而網宇實體系統將成為涵蓋眾多顛覆性技術於一體的新型應用，它對眾多工業部門、應用領域等方面的變革具有十分重要的意義。透過網宇實體系統產生許多不同的應用，將會出現更多的附加價值和業務模式。網宇實體系統可以有效降低生產成本，並且在提高生產效率與能源使用率方面發揮更重要的作

用，同時還可以保護環境不受工業生產的汙染和侵害。

　　生產系統、智慧型產品及應用資源因為網宇實體系統的存在，將在即時性方面產生巨大進步，同時在資源成本節約方面形成自己的優勢，它在智慧生產過程中也會依照永續發展的要求，對生產環節進行嚴密設計。因此，細緻性、嚴密性、靈活性、適應能力及試誤能力，甚至是風險預估能力都是其中不可或缺的一部分。

　　智慧生產中的設備必須實現高級自動化，主要是透過可自發觀察整個生產過程的網宇實體系統來實現，而網路的高度智慧互聯，可以讓這種生產觀察更高效率、更便捷。這樣就可以保證整個生產過程擁有靈活的生產系統，保證生產者可以對所有的生產環節進行即時監測，讓整個生產過程進行徹底最佳化。

　　相對於傳統製造工業，以工業 4.0 為未來發展方向的智慧製造業在生產方面無疑表現得更具優勢，也更加理想。它可以智慧調整產品的性能、成本，以及生產時間和效率等，從而實現個性化生產。這就意謂著，智慧化技術的顛覆性創新、成本與時間上的節約，使網路市場中的容量產生革命性變革，變得比以前更為廣闊。

　　新的世紀，任何國家都會面臨新挑戰。因此，如果想要更好地應對這些挑戰，就需要在工業生產上進行融合，保證生產流程的靈活性。擁有靈活性和生產效率，企業才更能存活，同時讓產業內部變得更加協調。

25 — 西門子的「三化」策略布局

2014 年 7 月 9 日至 11 日，在中國北京飯店舉辦的「西門子工業論壇」上，西門子向與會人員詳細講述在工業 4.0 時代背景下該公司的發展藍圖。其間，西門子展示多項前瞻性技術，如資訊數位化技術、自動化技術等，充分表達出西門子對推動中國「兩化深度融合」，為中國「工業強國」的恢宏願景貢獻一己之力的長期保證。

洛斯福認為：「現在的工業變革是一個不斷更新變化的過程，工業 4.0 真正實現還需要很長的時間，但是未來二十年內可望實現。」洛斯福將此種「變化過程」稱為「工業 3.X」，這是當前數位化技術幫助人類實現工業發展的顛峰狀態。透過這項技術，虛擬世界與現實世界將會實現高效融合，社會生產價值鏈最終將實現密切連結。

目前西門子已將設定的電氣化、自動化及數位化策略在中國全面展開。西門子工業自動化產品成都生產及研發基地，是西門子除德國之外最先進的數位化生產工廠，這間工廠採用數位化企業平台技術，將產品出現不良品的機率控制在百萬分之十五以

下。西門子是數位製造領域中的佼佼者，一直以遠遠超越同業的速度在工業 4.0 之路上快速前進。

對西門子而言，電氣化、自動化及數位化在未來的企業開發中占據重要地位，西門子未來的發展方向已經向工業 4.0 靠攏，這一資訊多次出現在中、德兩國領導人的對話與商業磋商中。

西門子的執行長凱瑟認為，中國工業化的策略重點與其他先進國家的策略重點是相同的，都分為四個階段：能源、基礎設施建設、工業化、對生命科學的研究。

其中，能源是西門子策略最重要的一環。凱瑟表示：「目前中國成長最快的是能源發展，這是經過供應和需求雙方驗證得出的結果。」

凱瑟在上任後，對西門子的業務架構進行變革，削減業務層級，將原本的 16 項業務整合為如今的 9 項，其中包括電力、可再生能源、數位化工廠等，讓西門子的管理更加扁平化，根本目的就是為了激發公司的創新與獲利能力，而終極目標則是要讓公司跟上工業 4.0 的發展步伐。

目前西門子的第二大海外市場就是中國市場，在中國的業務占據其業務總量的十分之一左右。2014 年第二季，光是中國市場的營收就比同期比率成長 20%。

西門子將公司業務的重點放在能源領域，並且積極布局。儘管各國同時受到因為過度使用化石能源而導致全球暖化的威脅，但是全球都市化和脫貧程度還有待提高。這也意謂著儘管各國政府都在控制溫室氣體的排放，但是就目前各國能源的消耗情況來看，在未來很長時間內能源需求量還會保持上升趨勢。

正如凱瑟所說的，在各國都市化過程和經濟建設過程中，最重要的消耗材料便是能源。

「所有國家的經濟基礎都是靠著能源建立的，它是一切發展所必需的生命補給。」凱瑟表示。

因此，西門子將能源業務列為公司發展的首要目標。因為這種策略的實施，西門子展開早已制定好的收購計畫。

2014 年 5 月，西門子以 7.85 億英鎊的價格收購勞斯萊斯（Rolls-Royce）的能源業務，藉此來鞏固其在能源發展領域中的地位。

不過，西門子在艾斯敦（Alstom）能源業務的收購戰中落敗，由競爭對手奇異贏得艾斯敦能源業務的代理權。

對於此次收購的失敗，凱瑟在記者會中表示：「事實上，艾斯敦確實是我們很強勁的競爭對手。但無論從經濟角度，還是社會角度來說，西門子與艾斯敦展開合作才可以實現最大的雙贏局面。」

根據新聞報導了解到，目前艾斯敦已經著手內部業務整合。如果它和奇異在能源業務方面成功整合，在能源領域將會出現兩大巨頭，即西門子與奇異。

因應暖化與再生能源困境的布局

事實上，全球氣候暖化已經為全人類帶來巨大威脅，而一些政府也已經積極展開能源轉型。

在凱瑟看來，當前遇到的能源問題主要是對於能源來源管道的過分依賴所造成，因此企業應該把不同能源來源管道加以結合。

目前，西門子已經成為海上風力發電企業中的龍頭，其他業務中與風力發電相關的部分也將服務於海上風力發電業務，

這項業務在 2013 年的營收超過 50 億歐元。

但是，目前在可再生能源供電和儲能方面，仍存在許多尚待解決的棘手問題。

凱瑟說：「在能源轉化過程中，必須按照『漸進式』的方式不斷進行微調，不能一蹴而就，這樣才能看到能源轉化的成效。」

工業 4.0 時代是經濟與技術的同步變革，導致整個工業領域都需要進行徹底變革。

2014 年 7 月，德國總理梅克爾訪中，中、德兩國政治領導人就工業 4.0 進行相關談話。

「工業 4.0 話題在政、商兩界中都占據著很重要的位置。」凱瑟表示。

實際上，工業 4.0 就是將虛擬生產與現實生產有效結合，以進行生產加工的方式。透過這種方式，將促使製造業在未來實現更高效能、問世的時間更短、靈活性更高等優勢。在工業 4.0 時代，虛擬世界與現實世界的相互融合，將使人、機器及資訊之間展開高度連結，最終融為一體。

在工業 4.0 時代，各國製造業對網宇實體系統等方面的技術使用率將會逐漸提高，透過這種方式讓製造業由傳統製造，逐步過渡到「數位製造」。

而西門子的能源布局就是看準這個未來趨勢，才會圍繞著這個趨勢進行一系列的布局。西門子宣稱，公司的數位化解決方案將使虛擬世界與現實世界有效結合，一同致力於製造業的發展。西門子所擁有的持續創新能力和完備生產線，以及豐富的企業營運經驗，能為企業在工業 4.0 時代的長久發展奠定深厚基礎。

而該公司在中國成都的生產研發基地，將未來製造業發展

規劃得十分完備，以數位化、自動化等特質為未來製造業的永續發展做出努力。

事實上，中國在國家經濟發展計畫中已經制定高階製造業的發展目標，希望可以透過這項規劃成功升級汽車製造業，並在航太產業中做出重大突破，這些領域都可以在產品的製造過程中實現高度自動化。

這個問題不僅與技術相關，還與生產方面的準確度及生產效率存在很大的關聯，因為這類製造必須達到很高的精準度才能有效避免誤差出現，所以只有自動化才能實現，而這類製造在自動化方面存在更多潛力，有待挖掘與探尋。

26 — 領先的供應商策略與市場策略

對德國製造業而言，工業 4.0 擁有極為重要的意義。為此，德國政府制定雙重策略，也就是要在工業 4.0 時代中讓德國成為領先的市場和供應商。

網宇實體系統可以幫助德國製造業有效提高生產效率，它的落實將鞏固德國製造業如今的地位，同時網宇實體技術的發展也將為產品的進出口帶來更多機會。德國政府針對工業 4.0 的執行，主要是透過雙重策略的展開對市場潛力進行深層挖掘與釋放，此項策略包括在眾多工廠的智慧製造中建置網宇實體系統，德國企業也透過這種方式加強德國製造業的創新能力。而德國的雙重策略則主要表現在以下兩個方面。

第一，雙重策略的主要內容：

1. 領先的供應商策略：透過網宇實體系統融合虛擬世界與現實世界，讓德國製造業高度智慧化、資訊化。

領先的供應商必須以設備供應的角度，詮釋工業 4.0 隱含的巨大發展潛力。德國設備供應商為全世界的製造業提供最先

進的技術，並且制定最優質的解決方案，因此在工業4.0過程中、德國供應商在生產方面處於領先地位。

而德國又要如何確保自己處於世界領先地位？其中的關鍵就在於如何選出比較適用的方法，把領先技術與工業4.0的新潛力加以融合，最終在創新方面做出重大突破。正是因為這種資訊與通訊科技和智慧化、自動化策略的互相融合，才促使市場產生變化。儘管全球市場變得愈來愈複雜，但是德國製造業在管理上依然有條不紊。因此，德國企業才能在市場中開拓新機會。

現有資訊技術必須經過改良才能滿足不斷發展的製造業，而製造業特殊需求的滿足則必須在接下來的開發過程中不斷保持。為了實現規模經濟與產能的高效益，就必須加強在製造業的生產技術和資訊技術方面，透過網宇實體系統向工業4.0迅速邁進。與此同時，必須針對現有策略進行詳細規劃，保證在實體網路架構製造中提升工作效率。然後將研究和培訓做為優先開發的領域，這在智慧化、資訊化及自動化工程中可以發揮出實驗性應用的作用。

如果德國想保持在工業4.0時代領先供應商的地位，還將面臨另外的挑戰，就是透過資訊技術打造全新的網路架構。這會涉及新商業模型，尤其是商品與服務的連結。

為了成功過渡到工業4.0，德國製造業中創新週期較短的產業必須與創新週期較長的產業密切配合，這樣才能開發出高效益、高工作效率的商業模式。

2. 領先的市場策略：展開網宇實體系統方面的行銷活動，致力提高德國製造設備產業的生產效率和收益。

德國國內的製造業領域率先實施工業 4.0 計畫，但是為了成功開拓出這個領先市場，就必須和不同廠商之間形成緊密聯繫，加強不同企業之間的商務合作。

在工業 4.0 變革中，製造業還面臨另外一個特殊挑戰，就是要將現存任務與中小企業有效地加以整合，劃入新的價值網路中。德國製造業因為大型企業與中小型企業的有效整合而變得空前強大。但是，很多中小企業根本沒有採取有效措施，來應對工業 4.0 在其結構中所帶來的變化。探究原因為：一是因為不具備專業型優秀人才；二是因為對新型資訊技術的不熟悉，導致抱持懷疑態度，致使前進的腳步趨緩。

如果想要中小企業全面融入新的價值網路中，就要設計出可行的知識和技術轉移協議。例如，大型企業需要進行實驗性應用，而中小企業正好可以為它們增強價值鏈網路的視覺化效果。中小企業還可以採取適當方法學習先進的網宇實體技術，以掌握領先供應商的技術。這樣不僅可以有效消除障礙，讓中小企業更詳細地了解新價值網路，還可以讓它們在自身業務中靈活運用網宇實體系統。

為了實現這一點，企業在基礎技術的開發和使用上一定要加快速度。同時，對企業員工的訓練和培養也變得十分重要。此外，還可以透過這種方法來應對複雜工作的展開，並且進行高效能的組織設計。

第二，雙重策略的主要特徵：

傳遞工業 4.0 目標最好的方法就是使用領先供應商策略和市場策略，讓兩者互相協調，從而確保彼此之間的效益得以互補。有許多德國的經濟學者都將這種方法稱為「雙重策略」。

這種方法包括下列幾個十分重要的特徵：

1. 透過橫向整合，挖掘出不同企業之間所隱含的價值鏈和
   網路。
2. 這種方法可以幫助眾多企業實現橫跨整個價值鏈的製造
   系統的開發，以及數位化過程的整合與利用。
3. 靈活地將製造系統進行垂直整合。

這些特徵使製造商在面對瞬息萬變的市場時能夠及時採取有效措施應對危機，從而取得極為穩固的市場地位。同時，它們的價值創造活動也必須適應市場需求的變化。

工業 4.0 的雙重策略必定會讓德國提高其在各國供應商中的地位，一直保持著地位上的領先優勢，同時讓它提出的解決方案在工業 4.0 眾多解決方案中居於領先地位，從而實現稱霸市場的目的。

對許多產業來說，工業 4.0 的相關技術必然會不斷變化、衍生與更新，並引起更大的影響，同時還可以幫助企業開發新業務，並且為促成更多人的就業提供新機會。

1980 年代末期，德國將可程式邏輯控制器與製造業成功整合，為製造業自動化提供更多的可能，同時採取對勞動力進行有效管理措施，透過這種方式成功進行第三次工業革命。

德國工業基礎與其他任何國家相比，都是極其雄厚的，該國的軟體業也十分成功，同時在語意技術領域也有十分耀眼的成績，在在顯示出德國可以在工業 4.0 變革中占據更有利的位置。很多障礙都不能構成阻礙，如人們對技術等方面的接受問題、市場上技術工人的短缺問題等。

　　然而，只有將所有利益關係人充分結合，挖掘出網宇實體系統與服務業對製造業的全部潛力，才能保證德國製造業在未來居於領先地位。

　　自從 2006 年以來，德國的物聯網和服務網路的發展就一直受到政府的支持，德國政府採用高科技策略大力推動網宇實體系統，而目前也已經研究出一些在世界上居於領先地位的成果。工業科學研究聯盟（Industry-Science Research Alliance）已經在多次會議上提出，工業 4.0 專案的展開已經成為迫在眉睫的要務。要推行工業 4.0，首先就要建構工業 4.0 平台。

　　工業 4.0 平台的祕書處是由很多部門組合而成，其中包括德國資訊技術、機械設備製造等部門，而最主要的任務則是為工業 4.0 時代的主題制定醒目的任務圖。

　　德國工業 4.0 平台上的所有參與者都在為保障德國製造業的未來而努力，並將此訂為發展的終極目標。這個平台邀請所有與工業 4.0 利益相關的企業共同探索大變革所帶來的機會，如此一來，就能利用工業 4.0 所帶來的變革推動成功。

　　工業 4.0 時代，德國憑藉累積的優勢在市場和供應商方面居於領先地位。為此，除了一些比較困難的技術專案以外，很多產業的企業員工都要攜手合作，才可望實現更好的發展，而工業 4.0 平台可以確保這種創新潛力會被各行各業充分利用。

　　工業 4.0 的宏大藍圖必須在漸進式的發展下才能實現，不能一蹴而就，而它的發展速度在不同領域之間也各不相同。因此，我們必須建立示範專案，並以最快的速度把新產品推向市場。

　　要落實工業 4.0 願景可以運用雙軌策略，利用現有的基礎技術與生產製造經驗對需要製造的專案進行調整，並且在更寬廣的範圍內進行推廣試驗，同時還要為市場研發和實驗性應用

提供新的方案。如果雙軌策略可以實現既定目標，德國必然會成為工業 4.0 變革中的領先供應商，也必然會讓德國市場得以在全球占有關鍵地位。這樣便可使德國更具吸引力，還更能保護德國國內製造業。

27 高標準化、組織先進化與個性化產品策略

在德國現有的政策架構下，生產要素的規劃、技術，甚至是產業互聯的最終整合，都離不開各方對工業 4.0 發展中所設定的技術標準和計畫架構的遵守，各方都必須保持一致的步調。

工業 4.0 的主要目標之一是滿足使用者的個性化需求，並且可以在設計、規劃、運作等階段融入個性化、使用者特別需求的標準，然後與最後的修改進行合併。透過工業 4.0，即使再小的生產專案都可以獲利。

如果想要工業 4.0 變革成功，研發活動就必須得到相關政策的支持，而我們還可以在工業 4.0 變革中進行如下的設想：

第一，生產技術與資訊技術融合。

如今數位化工廠概念已經深入各個企業的核心理念之中。這個概念率先強調的是在生產上進行數位化整合，並透過資訊技術進行相關融合。例如，使用電腦輔助設計（Computer-Aided Design, CAD）技術、生產計畫控制系統等，而它們基本上都是著圍繞相對固定的中央控制系統來進行的。在工業 4.0 時代，

生產必須做到分散，全面降低集中制，透過網宇實體系統增加生產設備的自主控制，將製造設備與網路形式加以連結，組成統一整體，這樣才能讓生產過程更開放、更靈活，從而發現更多最佳化的可能，並且透過這種生產方式有效提升生產效率，而在這個過程中發揮關鍵作用的則是網宇實體系統。

網宇實體系統是由各種資訊技術組合而成的一套控制系統。目前在航空、汽車、能源、交通控制、電子產品等諸多領域，已經推出許多類似網宇實體系統的系統，但這些系統大部分採用的是數據傳輸技術，強調的是運算控制能力，而網宇實體系統強調的則是虛擬與現實之間的有效連結。

網宇實體系統透過資訊技術成功實現對時間、空間方面的嚴密控制，在本質上正是人與機器、網路之間的融合。

第二，智慧化工廠在產品生產方面擁有高度靈活性，因此可以根據消費者的個性化需求進行產品的生產和製作，這樣便可以滿足多樣化、不斷改變的顧客需求，同時還可以大量生產個性化產品。

從某種意義上來說，這與第一次工業革命之前的場景有些相似：消費者與工廠之間的交流逐漸增多，這種現象不僅表現在簽訂合約之前，並且貫穿產品的整個生產過程。因此，顧客甚至可以在生產流程中針對訂單上的細節進行適當調整。

例如，博世力士樂（Rexroth）年產100萬台機用泵浦。雖然這個數量看起來很多，但是其中卻分為二十大類以上，而每一類又會再細分數十個規格，每個規格下的變數功能又分十多種，電壓限制與恆定功率值等方面的設定也各不相同。因此，產品在最後會分成數萬種，這樣計算下來，每種類型的數量並

沒有多少。這就要求在生產管理上必須採取靈活多變的方式，以因應顧客的不同需求。

第三，透過工廠智慧化可讓生產更人性化，如此一來，就能讓員工得到釋放，讓他們在工作時間上更靈活，在工作中更專注。

透過網路，可以讓員工上班更方便，甚至足不出戶便能完成一天的工作。這樣也可以有效地減輕城市碳排放量的負擔，做好節能省碳的工作。我們可以進行下述安排：

1. 將所有加工設備、需要製造和加工的組件、機械填充組件等可以完成工作流程的組件裝在網宇實體系統上，如此就讓所有的組件都具備無線上網功能。

2. 這樣可以使待加工組件與加工設備直接聯繫，精確到傳輸到哪一個設備前進行哪些流程，實現工作組件對整個工廠的智慧控制。

3. 負責下一道程序的零組件等待材料填充，獨立自主的傳送裝置可以透過已經設定好的路線，將材料送給機器填充組件。

4. 一切後續程序需要的產品資訊，必須讓接下來負責生產加工的組件自行儲存讀取。

5. 如果出現差錯，或是消費者的要求與正在進行加工的數據不符，警報裝置便會自動示警。需要補充調整的地方，便會透過改進措施進行快速改善，然後發給各個工作組件。

　　從 2008 年起，德國夫朗和斐應用研究促進協會的製造設備與生產技術研究院和柏林工業大學的工具機與工廠管理研究所，攜手打造一個名為 Sopro（Self-Organized Production，自我組織生產）的實驗工廠，透過筆記型電腦對產品的生產過程進行模擬，然後自行安排加工，對整個生產過程進行自主控制。之後又在凱撒斯勞膝（Kaiserslautern）的人工智慧研究中心打造一間實驗室，此次有將近 30 家企業參與實驗室的營運。

　　西門子的中國區業務部門認為，當前中國乃至全世界的製造業，都面臨著三方面的挑戰：

第一是時間。

　　如今市場競爭日益激烈，是否能有效縮短產品問世時間，對任何企業來說都至關重要。因此，研發生產的速度減慢，必定會被市場淘汰。

第二是眾多企業沒有很好的辦法可以有效提升生產效率。

　　在這種情況下，很多企業讓員工不停加班，以高度標準化進行工作，不產生任何浪費，但這種生產方式還是受到時代的衝擊，最終將會面臨淘汰。

第三是市場需求不斷變化。

　　製造業必須以更高的靈活性進行生產加工，尤其是客戶的個性化需求會愈來愈多。原來那種的大量流水線裝配作業已經失去推動工業化繼續前進的動力，雖然可以保證一定的生產效率，但是在靈活性方面卻毫無價值可言。

　　在這種情況下，工業 4.0 成為眾多企業的必然選擇，因為它融合虛擬與現實生產的特性和當今的時代主題不謀而合。洛斯福認為，智慧生產與自動化，甚至是數位化製造已經變得愈來愈重要，成為決定一家企業是否可以繼續生存的前提，而現實與虛擬生產的有效融合，是因為資訊技術的進步和硬體處理技術的增強。如今只要透過產品生命週期軟體就能讓整個產品生命週期變得更長，從產品設計到生產實施，一直對客戶提供服務。

　　工業 4.0 不僅是在技術上發生變革，也不只是在生產過程中進行轉變，還必須在管理方面進行全面整頓。我們應該揚棄以前的孤島式想法，準備好投身變革之中。任何單一公司或國家都沒有實力影響或改變整個世界的製造業，因此就需要大家齊心協力，在各個方面展開全面而深入的合作，讓這種特性深入各個領域之中，才能在工業 4.0 變革中獲得最大的利益。

特斯拉（Tesla）之所以會成功，是因為生產理念在一定程度上與工業4.0的變革理念不謀而合。特斯拉之所以會被譽為「汽車界的蘋果」，是因為它並未把自己的核心生產目標定位為電動車，而是將核心定位為智慧終端機。這種定位促使特斯拉得以擁有全新的人機對話模式，而這樣就可以透過網路終端將汽車打造成服務體驗終端。該公司的成功不僅得益於電池技術的突破，更得益於成功將網路思維與汽車製造有效地加以融合。

可見工業4.0已經在全球已經全面展開，而顛覆性的創造力也讓人們的想像力獲得很大的突破。這和美國自動縫紉技術公司所表述的意思是一樣的，也就是「雖然美國總是從中國進口大批服飾與縫製品，但是由美國自行研發製造的自動技術，卻使得服飾產品的製作成本比中國來得低廉」。

西方先進國家正沉浸在新工業革命的狂歡時，中國的第三次工業革命卻尚未徹底結束。

1990年代，當詩道芬（Staufen）的董事長馬丁・哈斯（Martin Haas）剛展開中國專案時，就察覺到詩道芬將迎接發

展歷程中的最大機會。

當時，德國正在推行「走出去」策略。走出去之後，德國企業立刻遭受強大的競爭壓力，因為它們一直都在享受高增值帶來的巨大利潤，卻忽略成本控制，如今利用在外地建立工廠的機會，迫切需要可以有效降低生產成本的管理方式。

起初，詩道芬一直致力在變革上精益求精，這是該公司一直以來的堅持，但是隨著德國「走出去」策略的展開，公司也將業務擴展到海外，特別是在備受矚目的中國市場下了很大功夫，從而促使中國市場成為其制定海外策略的主要目標。

哈斯說：「詩道芬做出的任何決定，都與市場動態息息相關。」以前詩道芬圍繞著精實生產為其他企業提供個性化服務，剛到中國時，因為中國的本土企業在管理方面欠缺足夠的意識，很多需求都無法得到有效釋放，因此詩道芬的主要客戶大部分都是外資企業。但是，哈斯與擔任中國詩道芬總經理的穆大偉有預感，由於中國的人口正在持續減少，製造業必定會逐漸提高生產效率，並且積極降低生產成本，同時想盡辦法來提高企業的管理效率，而所有的一切完全可以透過精實化來實現。

自從到中國工作後，哈斯就對中國市場的變化密切關注，逐漸讓中國汽車業接受詩道芬的精實思想。經過這段時間的迅速發展，中國企業在管理方面的意識已經取得長遠進步，而詩道芬也成功地把客戶拓展到中國國有企業和民營企業。然而，如今的詩道芬卻面臨一個十分棘手的問題。

「精實生產不能只是在技術流程上精益求精，同時也要在生產上精益求精，而這種理想狀態要靠所有供應商保證前進步調的一致才能落實。但讓人遺憾的是，絕大多數的供應商根本不具備這種意識。」哈斯如此表示。他記得原來有一家汽車零

組件的加工企業迫切想要得到詩道芬的協助，這家企業掌握一筆大訂單，要為一家世界知名品牌的汽車進行零組件加工，但是其中有95%的訂單卻無法在合約規定的時間內完成。比例之高讓哈斯大為震驚，他表示「未完成的比例高得離譜」，但是該企業卻認為自己在生產或加工能力方面沒有任何問題，而是客戶的要求過於嚴苛。

中國企業這種「無意識」狀態讓詩道芬重新審視自己的設計，決定改進業務流程。針對中國客戶，詩道芬進行統一培訓，並為他們分析未來工業的發展趨勢，以及詩道芬可以為他們提供的協助。「中國企業習慣大量生產，卻無法按照客戶需求進行多批少量的生產。」哈斯說。針對這種情況，他強調：「這種思想必須徹底改變，如今任何企業的採購都將面臨全球化，因此故步自封只會讓自己被當今時勢排除在外！」

來自詩道芬的教訓：
強化機動性，落實在地精實化管理

這個案例其實只是中國製造業領域變革的縮影。在那段時間，中國還發生一件舉世震驚的事，就是中國黃金集團為供應商提供1,000萬元人民幣的獎勵！之所以會提供獎勵給該供應商，就是因為該供應商提前一個月交貨，讓中國黃金集團得以趕上黃金牛市，取得十分豐厚的收益。可見供貨速度在生產流程中變得愈來愈重要，已經被眾多企業持續關注，同時還推動製造業領域自動進行深層變革。而詩道芬也時時關注著市場動態，才不會錯失任何機會。

「對詩道芬而言，不僅降低客戶的製造成本，改善技術流

程，最主要的是它協助客戶實現機動性，讓客戶在面應市場變化方面擁有足夠的反應能力，而這樣也能幫助企業更滿足顧客需求。」哈斯在一次採訪中如此表示。

無論香港還是上海，抑或是北京、瀋陽，詩道芬的業務可說已經遍布全中國。儘管絕大多數中國企業依然處於轉型階段，但是也有很多頂尖企業擁有國際化眼光和意識。擔任詩道芬中國區總經理的穆大偉對這一點感觸頗深。近幾年來，詩道芬已經陸續接到很多中國企業提出建立世界級工廠的需求，來自各行各業的諮詢需求，讓該公司逐漸意識到推廣精實化管理已經勢不可擋。

「即使很多處於邊緣地帶的企業都有了精實化營運意識，但是無論程序本身如何精實化，都離不開實際流程的精實化，因此大多數中國企業在對程序本身精實化的同時，也開始對實際流程進行精實化改造，而這正好屬於詩道芬的職責範疇。」哈斯說。

不只是詩道芬意識到這種變化，在極短時間內，大量顧問公司一同湧入精實管理領域。但是，哈斯卻認為這沒有什麼值得擔心的：「競爭不可避免，但最主要的是我們還是一家德國企業。詩道芬一直在保持高速發展，同時背後還有強力的支撐。」

德國方面的支持，最重要的無疑是人才方面的培養。對任何顧問公司而言，這方面都是最重要的支持。目前，詩道芬已經擁有將近 200 名員工，並展開一系列的人事計畫：首先，詩道芬專門聘請多位一直在中國工作，並且擁有許多中國實務操作經驗的德國工程師，讓他們著手進行中國專案，為中國客戶提供更好的支援與幫助；而對於德國畢業的中國留學生，詩道芬也打造十分特別的訓練計畫，就是把這樣的學生送往德國總

部進行為期一年的培訓，並安排他們在其他德國企業內工作和學習，而後再調往詩道芬位於中國的公司工作。這種人才培養的理念已經取得十分顯著的成效，不僅讓很多中國企業受益，對詩道芬來說也有很大的提升。

在德國總部，詩道芬建立自己的研發中心，針對整個製造業的精實化趨勢進行全面調查和研究。針對管理等問題方面的解決辦法，每年都會推出 30 個到 40 個可行方案。因此，在培養員工之外，還積極迎接工業 4.0 時代帶來的巨大變革。該公司可說是始終走在時代的尖端，審視整個中國市場的變化。

「機器智慧化與精實思想，在根本上存在諸多衝突，一個是讓人們依賴機器，另一個則是讓人們依賴自己的管理，但是任何事都並非絕對，因此我們只要找到兩者的交會點，便可以在實現精實管理的同時，實現彈性生產與交易的完美結合。」哈斯說。

許多中國企業仍處於第三次工業革命，詩道芬針對這些企業推出的創新理念，必定會讓中國儘快追上先進國家製造業的步伐，如此一來在工業 4.0 裡必有中國的一席之地。哈斯也表示：「我們有能力，也有責任幫助中國企業投入工業 4.0 的變革，讓更多的中國企業躍居世界級企業的行列！」

29 — 智慧互聯帶來的機會和挑戰

德國將工業 4.0 視為第四次工業革命。為了因應這次工業革命，德國在 2011 年 11 月公布因應工業 4.0 變革的策略，主要是想要透過既定的策略，在新一輪的變革中得以保持自身在國際市場中的主導地位。德國政府在工業 4.0 策略的制定和實施上發揮至關重要的推動作用，在策略背後還有很深層的用意：

第一，對抗美國網路。

實際上，工業 4.0 概念的提出，就是由於美國網路為德國帶來的危機意識所引發，展現出德國的競爭意識。網路資訊技術中的核心部分，如中央處理器（Central Processing Unit, CPU）、作業系統等網路尖端科技基本上都由美國把持著。近兩年來，Google 在智慧領域展開一系列動作，如研發自動駕駛汽車等；亞馬遜進軍手機終端業務後，便展開快速配送服務，由無人機配送商品等。美國網路巨頭逐步從「資訊」領域進入「實體」業務領域，便為製造領域帶來極大的破壞性影響，雖然這種影響現在尚未完全浮現，但只是時間的問題而已。因此，

德國急需找到解決這個問題的方法。

德國的工業4.0計畫十分詳細地描繪出網宇實體系統的具體定義，希望可以藉由網宇實體系統打造出新的製造模式，實現建構「智慧工廠」的目的。網宇實體系統主要是透過虛擬與現實生產之間的相互聯繫，將虛擬空間的各種能力運用在現實生產之中，從而使得整個生產流程裡，與產品設計、生產流程相關的所有數據，都可以透過網宇實體系統進行抽樣分析，建構出自動化操作的智慧生產系統。

從某種意義上來說，德國希望可以透過工業4.0計畫阻止美國透過網路資訊技術與工業的不斷融合，從而獲得製造業中的主導地位。因為一旦製造業的所有環節都被網路資訊技術直接控制，德國在製造業的地位將會遭受嚴重打擊。因此，德國希望透過網宇實體系統對「智慧工廠」中的「生產工具」進行最佳化和升級，使「生產工具」透過網宇實體系統實現智慧開發，讓工廠可以成為自行主導整個生產流程，並且擁有足夠條件處理突發事件。屆時，網路資訊技術就會成為製造業「智慧生產」的整合對象，而不會成為管理整個生產流程的核心技能。

第二，防守中國製造業。

近年來，「中國製造」在世界市場裡的地位愈來愈重要，德國從這個變化中看出潛藏的危機。數據顯示，德國製造業的出口量占2013年全球出口總量的16%，位居全球製造業出口第一名，而排名第三的中國只占11%。同時，在全球製造業設立的32個行業中，中國在其中7個行業占據領先地位。更有甚者，一家美國全球市場調查中心對此做出以下的分析：「西歐國家必須意識到全球競爭環境正在逐漸改變，因此必須針對會帶來明顯影響

的威脅採取相應措施，否則必然會被中國製造業帶來的挑戰所擊敗。」因此，德國的新聞媒體紛紛報導道：「中國製造業對德國製造業帶來重大挑戰，已經威脅德國製造業在國際上的地位！」

根據媒體報導，德國機械設備製造業聯合會（VDMA）會長雷諾德‧菲斯特格（Reinhold Festge）指出：「日本與德國的製造業必須展開各個領域的深入合作，特別是在一些錯綜複雜的產品領域更應該攜手共進，共同因應中國製造業所帶來的巨大挑戰。」從中可以看出，德國對中國製造業的畏懼和防備之心已經十分明顯。

而中國針對工業4.0也必須採取一系列對製造業的調整措施，在借鑑的同時也要積極因應。

很多專家認為，工業4.0只是德國因應科技變革的國家策略，主要是想要透過這項策略在智慧製造技術上對抗美國，和中國並沒有太大的關係，所以並沒有必要特意制定措施去因應工業4.0。然而，真實情況卻並非如此：

第一，中國應該深入了解工業4.0，參考其中具有借鑑意義的內容。

工業4.0是德國為了因應第四次工業革命而制定的國家策略，想要透過網宇實體系統有效融合虛擬世界與現實世界，實現資訊技術與工業的結合、打造智慧化生產，並且滿足顧客的個性化需求，從而讓製造業跟上時代趨勢，逐步實現智慧化生產、自動化生產，透過這種方式在未來的國際競爭中占據優勢地位。

第二，中國制定的中國製造規劃中，應該包含針對工業4.0的應對措施。

根據媒體報導，中國國家工信部等多個部門已經正式發展一份關於中國製造業發展的長期規劃——《中國製造 2025》。這份文件詳細闡明未來十年中國製造業的發展方向，希望可以有效紓解工業 4.0 帶來的衝擊和潛在威脅。雖然中國是「製造大國」，但還不是「製造強國」。工業 4.0 時代，物聯網、服務網路必然會在製造業中發揮更重要的作用，甚至會成為未來工業的基礎。但無論是在物聯網領域，還是在服務網路領域，中國所處的位置都比較落後，處於產業鏈上的低階部分。那麼，未來中國有沒有機會成為「製造強國」呢？

2013 年，中國網路普及率已超過 45%，網路使用者數量成為世界之最，成為名副其實的網路大國。與此同時，隨著網路資訊技術與製造業的深入融合，智慧互聯可望成為中國製造業發展的動力之源。

智慧互聯最基礎的功能是對生產過程進行有效調控，從而形成自動化、智慧化的生產流程。在複雜的生產流程中，人與機器、機器與機器之間的關係不再受到實體空間拘束，以往的生產方式會產生根本性變化。

智慧互聯就是要讓虛擬資訊流與現實生產過程加速融合，創新生產模式和產業機會。隨著智慧製造技術的快速發展，智慧互聯與傳統工業不斷融合，原本的產業邊界也在逐漸消失。電子商務在這方面表現得十分明顯。2013 年，中國光是電子商務的交易額就達到 10 兆元人民幣。這不僅大幅帶動物流業的發展，還解決更多就業問題，如今中國大部分的快遞公司與一半以上的業務都來自智慧生產後的智慧配送。

隨著智慧互聯新技術不斷發展，使得製造業的生產方式獲

得極大改變。智慧化製造技術、自動化製造技術、數位化製造技術、網路資訊技術的高度融合，使製造業在生產效率和精準度方面得到極大提升。網路資訊技術的每次更新，必然會帶動製造業生產方式的變革。近年來，隨著智慧互聯、大數據等網路技術的快速發展，製造業及其他相關產業在生產模式與創新上都取得極大的進步。

智慧互聯做為通用性技術滲透率高，對製造業發展發揮非常重要的作用。網路資訊技術、大數據技術可以對智慧互聯做出詳細分析，檢測其是否可為中國製造業的快速發展帶來更強的推動力。2013 年，新聞媒體報導，中國製造業從改革開放以來到現在，已經創造上億個就業機會。針對處於加速工業化和都市化的中國來說，智慧互聯為製造業的發展所帶來的影響將明顯超越其他國家。

從「製造大國」向「製造強國」邁進，中國還有很長的路要走，因此必然會遇到很多挑戰。例如，如何在核心技術上取得更多的主動權？如何保障網宇實體系統的安全？在創新製造業生產模式發展上，如何妥善運用政府與市場的力量？只有有效處理這些問題，才更能利用智慧互聯帶來的機會。

向「製造強國」邁進，必須搶占智慧製造技術領域的制高點。自主創新能力在核心能力的競爭中占據的位置愈來愈重要，而智慧互聯的標準化已經成為各國製造業爭奪的焦點。同時，也必須從國家安全的策略層面認識網宇實體系統安全，因為沒有網宇實體系統安全就沒有製造業安全；沒有製造業安全，就沒有國家工業安全；而沒有國家工業安全，就沒有國家安全。因此，隨著資訊技術的應用愈深入，製造業和人們的生活對智慧製造技術的依賴愈多，透過智慧製造技術生產產品的安全問

題就愈重要。

　　智慧製造技術做為「生產工具」之一，是一把雙刃劍，既可以為生產帶來效率，也可能為生產帶來隱性影響，也就是雖然可以滿足顧客的個性化需求，但是卻無法滿足所有的個性化需求。因此，我們必須加快智慧製造技術、自動化製造技術、數位化製造技術的發展，加快虛擬世界與現實世界的融合，真正處理好網宇實體系統和生產之間的關係。

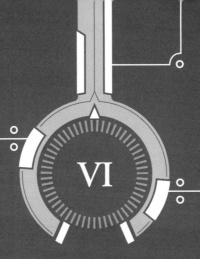

VI

工業4.0生態系統：

滿足個性化需求的生態鏈

　　需求全球化與生產全球化處於同步轉型中，當任何企業成功占領國外市場後，必然會採取「本土化」策略進行經營管理。為了加強生產上的嚴密控制，以及因應企業管理所面臨的挑戰，就需要對所有展開合作的人員進行高效能互聯，而參與生產流程的員工間之文化融合也成為一大挑戰。

　　隨著網路資訊技術的發展，人們的價值觀已經產生重大轉變，與過去相比，社會和經濟在永續發展方面的重要性已經不言而喻。

　　而德國提出的「工業4.0」應該理解為將未來社會視為一個整體的計畫，也就是「社會4.0」──人們的需求已經逐漸成為製造業生產的核心。很多現有的特定職位必定會產生相應的變化，甚至遭到變革。產品生產已經逐步實現多樣化，並且縮短生產週期與裁撤專門從事生產的員工，這對任何企業來說都是一大挑戰。還有十分重要的一點是，未來生產製造地點必然會與人們的居住地點逐漸重疊。

　　未來最不能忽視的就是人的需求。事實上，如今很多企業在進行的生產製造卻都違反人的合理需求，而未來對人類需求的考量將會在生產製造中占據很重要的地位。工業4.0生態系統將包含所有可以智慧化的層面，並且在人們的生活與工作之間尋找到很好的平衡點。因此，人們必須靈活控制未來製造業的生態系統，讓生活和工作更加舒適。

30 社會 4.0
──價值網路的橫向整合

　　在工業 4.0 時代，任何企業都要在價值網路上進行橫向整合。這種方式的整合或許可回答下述問題：網宇實體系統如何支援企業運作模式、商業需求及價值網路的有效連結？

　　這類問題同樣適用於製造業研發應用領域。除了「商業需求」、「各行各業之間的合作形式」之外，還有很多事情值得研究，如製造業價值網路的「永續性」和「標準策略」等問題。

　　製造業在工業 4.0 中的變革，透過眾多企業的不斷研究和探索已經取得佳績，但是也發現很多尚待解決的問題。有很多人認為，在這個過程中，必須明白製造業在各方面的潛在優勢，以智慧化、自動化為基礎來思考製造業的未來發展趨勢，並且留意以下幾點：

第一，明白價值鏈理論與製造業價值鏈之間的關係。

　　在對現有的優勢進行審視時，我們已經體認到借助工業 4.0 時代的變革經營製造業，也可以實現製造業的自動化發展。

　　哈佛大學的教授麥克・波特（Michael Porter）在著作《競爭

209

優勢》（*Competitive Advantage*）中，就對價值鏈（Value Chain）的概念進行詳細描述，波特表示：「任何企業在產品設計、生產加工、行銷策劃、貨物交易，甚至是維護過程中所有活動的集合，就是網路價值鏈。」同時，價值鏈還是原物料的選取，以及成品送達客戶手中所有價值創造的過程。

因此，在很多企業經營者的眼中，製造業在轉型時必須釐清自己的價值鏈關係是如何形成的，而轉型之後又是否與原有價值鏈存在難以調解的衝突等。

第二，製造業價值鏈的打造與整合。

透過價值鏈理論可以了解到，透過每種價值活動會得出什麼經濟效果，這也將會直接決定企業在工業4.0變革中所處位置的高低。而與競爭對手價值鏈進行仔細比較，就可以有效解決到底是什麼因素左右競爭優勢的最終歸屬問題，因此即可對製造業價值鏈的形成，以及所具備的特點進行詳細分析和研究。如此一來，就能發現製造業價值鏈的主要活動可分為以下幾項：

1. 內部後勤，指與產品傳遞、物品配送和運送到客戶手中等相關活動。
2. 作業生產，指產品設計、生產加工等各種生產上的問題，都需要進行智慧化、自動化變革等。
3. 市場行銷，指產品的推行方式因產品特性而異，設計符合產品特色的自主推廣，並在推廣中擴大本身的知名度。
4. 服務，指顧客在購買產品後所提供的各種加值服務，這樣可以有效保持產品持續增值。例如，電子產品售後維修服務、產品的快遞服務等。

以上分析顯示，任何企業之間的企業競爭都不會只鎖定在某一環節，這種競爭將發生在價值鏈的每個部分，而整個價值鏈的競爭力就代表企業最終的綜合競爭力。波特表示：「基本上，客戶心目中的潛在價值都是透過企業內部物質與某些特定的活動和利潤來加以實現。當你與其他企業發生競爭時，其實是企業內部所展開的不同活動正和對手內部多項活動之間的競爭，而不是單一的活動競爭。」

任何人都知道，透過大量的資金投入，可以在工業 4.0 變革中讓本身的智慧化和自動化達到一定水準，但是這麼做還不足以形成優質的網路價值鏈，因為網路價值鏈的形成十分困難，需要很多條件共同發揮作用才行，而這也是從事製造業的企業是否可以繼續存活的重要關鍵。正是透過這些認識，才能在價值網路進行橫向整合。

為了提升價值網路，所有從事製造業的企業必須花費一定的時間，將產品生產方面「集中營」式的作業，分散成「游擊隊」式的自由化作業，由分布集中的管理關係過渡到鬆散的合作生產關係，這樣就可以從根本上改變生產流程。

為了增強價值網路的張力，必須將現代化的行銷理念帶入工業 4.0 的變革之中，採用多樣化的促銷手段，結合實際的市場情況，再透過本身優勢，積極策劃行銷方案，進行新式行銷戰役。

為了使價值網路擁有持久磁力，必須改進現有的生產運作方式，利用新式生產與管理理念，從多個層面拓展和維護企業與顧客之間的關係，要求企業的管理者做好一線行銷人員的服務工作，做到以身作則、言傳身教，讓行銷人員更主動、在工作中更有活力。同時也要創造性地展開工作，主動與顧客建立良性、穩固的服務價值網路關係，進而建立穩固的合作關係。

　　為了使價值網路擁有不懈動力，企業在工業4.0時代中必須在建立團隊方面進行自主創新，建立適合本身的管理模式：在用人上，甄選、培育、工作安排要相互結合，才可以保證人才升遷的管道順暢；在分配上，讓企業的每位員工在責任、權利、利益等方面對等；在管理上，必須放棄孤島式想法，進行合理變革，使大家共同合作；同時在各國企業、各個學科、各個產業展開多方面合作，進而在人力資源管理方面實現最佳化配置，充分激發員工工作的積極進取。這樣一來，不僅可以解決員工的後顧之憂，還可以讓員工的歸屬感更為強烈。

　　很多企業經營者認為，透過這種方式的建立和整合，一定可以實現價值網路的橫向整合，並且會愈來愈強大。之後，則是要對製造業價值網路進行永續開發，以滿足消費者需求的日益多樣化。

　　而滿足日益多樣化的市場需求，就要求必須讓社會分工更細緻，這會導致價值網路中的增值環節愈來愈多，結構也會變得日益複雜。而價值網路的不斷整合，使市場上的增值環節相對獨立，並且逐漸集中。這些原本只屬於某個價值鏈的環節分離後，就不再只對應某個特定價值網路，而有了加入其他價值網路的可能。因此，就會引導出價值網路橫向整合的新市場機會，也就是透過新價值鏈的設定，讓市場保持優質環節，然後將它們有效聯合，創造出高效益的價值網路。在生產智慧化和自動化程度愈來愈高的當下，市場競爭也會變得愈來愈激烈，這就會讓價值網路的整合出現更多可利用的機會。

　　基於上述針對價值網路的橫向整合等方面的認識與管理上的預測，結合工業4.0時代的關鍵主題，就可以發現如果製造

業想要跟上工業 4.0 帶來的趨勢，必須遵循以下原則：

第一，進行大數據卡位，保證企業在競爭中居於領先地位。

在工業 4.0 時代，從事各行各業的企業都不得不做出變革，以確保自己的生存。在這場變革中，有很多企業會被資訊化、智慧化、自動化的大趨勢所淘汰，也會有很多公司會嶄露頭角，一躍成為各行各業的領導者。所有的一切都取決於企業能否將虛擬世界與現實世界妥善結合，並且在虛擬的價值網路中成功進行大數據卡位，以確保自身在激烈的競爭中處於領先地位。

另外，價值網路的橫向整合也涉及各個垂直產業，有很多企業不能直接參與其中，因此價值鏈需要進行一定程度的延展，以確保每家企業都可以讓工業 4.0 資訊化、自動化等方面的知識普及，並且培養一定的意識。

第二，堅定網路與工業融合計畫。

網路與工業融合已經成為大勢所趨，因此在工業 4.0 發展過程中，各個企業必須將網路技術與工業領域中的機器設備進行相互融合，然後透過軟體分析技術對機器潛能進行適當釋放，才能有效提升生產效率（這也是工業網際網路帶來的效益）。

實際上，完整的工業網際網路必須具備以下要素：

第一，機器的高度智慧化可以對生產和環境等方面的數據進行專項蒐集。

第二，數據儲存與分析處理能力，可以做為企業制定投資計畫時的參考。從這種方式得出的投資策略，更能與工業網際網路形成密切聯繫，並為企業的發展帶來機會。

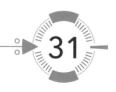

31 橫跨整個價值鏈的端對端工程

　　工業 4.0 時代，眾多企業都面臨幾個關鍵問題，就是如何透過價值鏈達成端對端的數位整合，實現產品價值網路橫向整合過程中，虛擬世界與真實世界的快速融合？如何滿足客戶的個性化需求？網宇實體系統如何實現生產過程中的端對端工程？

　　針對這一點，在管理過程中建模發揮的作用愈來愈重要，主要是幫助技術系統進行架構的填充，讓研究人員在技術研發中減少作業難度。此外，我們在管理中也應該補充一些資訊技術系統，才可以實現橫跨整個價值鏈的端對端工程。從產品設計到生產與售後服務等方面，都需要一個涉及眾多技術領域的整體實施方法。而為了達成這個目標，工程師必須進行一定時間的培訓，以了解並掌握這種方法，透過網宇實體網路工程對這些複雜的程序進行有效控制，在產品設計和生產方面實現完全的自動化。

　　工業 4.0 變革既是機會，也是挑戰。一旦把握就會成功，無法把握就會被淘汰。

　　儘管目前還有很多人不認同工業 4.0，但依然需保持高度

關注，因為它代表的是未來製造業的發展方向。其實，這就與電力革命前夕是一樣的，沒有人願意繼續當「車夫」。

工業 4.0 是德國提出的，實質內容是改變生產分工方式，以及產品設計、生產、銷售等環節的整合方式，所有環節都必須圍繞著需求展開，這是對價值網路的橫向整合。梅內爾院士也對這種觀點表示認同。

與德國的工業 4.0 類似，奇異展開「工業網際網路」方面的研究，致力將工業與網路加以融合。但無論是工業 4.0 或工業網際網路，都必須具備兩個重要因素，即智慧化和自動化。就自動化與智慧化而言，中國工程機械的龍頭企業三一重工已經展開自己的探索。

三一重工，藉智慧製造反饋研發環節

2009 年 11 月，三一重工便成立專門從事智慧化研究工作的「三一智慧」公司，主要為整個集團提供智慧控制方面的解決方案。

當時，三一重工的管理階層認為，中國製造業之所以會受制於國外，主要就是技術方面的自主智慧財產權太少，因此必須開闢一條適合自身的創新路徑，最終才能成功超越國外其他製造企業，而智慧化無疑可以在這方面提供有力支援。

「我們認為透過智慧化，可以提高產品設計、生產、營運模式等方面的效率，讓虛擬與現實高度融合，這樣有可能顛覆很多產業的運作模式，從而成功達成顛覆性創新及跨越式發展。」擔任三一重工管理階層的周翔說道。

其實，在中國製造業中，「智慧製造」理念是由三一重工率

先提出的，周翔表示：「智慧製造，其實就是在生產效率、節能環保、使用舒適性，甚至是企業服務營運方面，進行互聯互通，將智慧化融入每個環節，建構出適合自身的網宇實體系統。」

近幾年圍繞著「智慧製造」，三一重工進行一系列的開發，成功研製出包括感測、控制、驅動等核心組件，打造一條擁有自主智慧財產權的產業鏈。尤其是 SYMC 控制器，是中國製造業第一款擁有自主智慧財產權的自行研發控制器，更讓三一重工在生產製造中躍居世界一流的水準。

而為了實現與機器的高效融合，三一重工加重研發力道，成功研發感測器，這種感測器可以植入作業組件內部，從而成功實現生產過程中的線上調整與線上感知。

以泵車為例，除了可以確切掌握它的所在位置以外，還可以透過感測器查看機器的所有運作資訊，並可以透過智慧化組件了解施工動態。最重要的是，在設備出現異常時，可以讓工程師在第一時間就做出反應。

而且「智慧製造」還可以「反饋」研發工作。「例如，透過起重機裝卸貨物，雖然每次數量不大，但是速度非常快，所以臂架就比較容易出現疲勞，透過智慧感測器觀察，我們發現只要加入高強度設計，即可有效解決這個問題，讓我們在科學研究工作中的效率得到極大提升。同時，還能更滿足每位客戶的個性化需求。」三一重工的副總經理唐修俊如此說道。

業界認為，中國製造業在很多方面都做得不盡如人意，如產業結構、自主創新、核心技術、附加價值、生產、資源利用等方面的運作和使用效率都非常低，又恰逢勞動與土地等成本的快速提升，一連串因素都讓中國製造業面臨困境。

高階失守、低階混戰的中國危機

在國際市場上，中國製造在激烈的競爭中陷入先進國家與開發中國家雙面夾擊之中，完全處於「高階失守，低階混戰」的不利局面。此外，先進國家在高階製造領域愈來愈有發言權，而中國在低階製造領域的發言權也面臨著被其他開發中國家掠奪的危險，這一切都使中國「世界工廠」的地位面臨被蠶食的危機。

實際上，影響最大的是中國製造在產能方面已經處於過剩狀態，同時還存在著轉型升級方面的體制局限。

德國在工業4.0方面先行一步，使得很多國家意識到工業4.0勢在必行，而致力達成世界製造強國目標的中國也逐漸認識到工業4.0規劃的重要性。

因此，《中國製造2025》規劃應運而生，制定四項變革和一條主線：創新驅動變革、效益競爭優勢變革、綠色製造變革、服務型製造變革；主線則是將現代化資訊技術與工業製造有效融合，在製造上實現智慧化、資訊化、數位化、自動化。

隨著經濟全球化的加快，高科技競爭已經擴散到全球，所以眾多具有超強實力的企業已經向世界級企業逐漸邁進。如果一家企業沒有高科技支撐，必定會在競爭中處於不利的局面，由此可見技術進步在全球性競爭中占有多重要的地位。對企業而言，高科技的累積必須透過長期投入和努力才能慢慢建立。

美國國家科學基金會李傑認為，中國製造業依然處於，並將長期處於自動化初級階段，中國企業必須在這個過程中研究出如何才能實現最佳效益、將生產成本降到最低、減少汙染等，而這些恰巧是中國企業欠缺的部分。他表示，中國製造業一直是跳躍式發展，在這個過程中忽略很多細節問題，缺少一些細

緻體會。例如，飛機引擎的研發和生產方面就涉及很多製造細節，有很多經驗是只可意會不可言傳的。因此，中國想要實現橫跨整個價值鏈的端對端工程，就必須對製造流程有更多、更深的認識。

「這次肯定是模仿不來了，因為製造過程中有很多方面都涉及智慧化與自動化，如感測器、軟體和模型都不是一看就懂的，所以中國在製造業的發展中面臨很大挑戰。」李傑如此說道。

而未來製造業會致力滿足客戶的個性化需求，製造業被定義為「智慧製造」，使得企業價值鏈發生很大的改變，同時也在競爭中做出諸多變革。在工業 4.0 時代，新的價值鏈必須蘊含高附加價值，而大量生產必定會被滿足客戶個性化需求的批次生產所取代。橫跨整個價值鏈的端對端工程，已經成為各國製造業不得不重視的首要問題。

32 強化資訊技術與製造工業的結合

　　德國政府推出一系列政策，促使資訊技術與製造工業互相融合，並且藉此打造新型製造技術，同時還積極推動製造業的智慧化、自動化，企圖搶占工業 4.0 的先機。

　　如今德國已經陸續出現數位化 3D 列印，「智慧工廠」如雨後春筍般冒出。在德國漢諾威工業博覽會上，一家 3D 列印的展示攤位吸引很多人圍觀。原來這款 3D 印表機可以列印出人們真實相貌的立體頭像，人們只要在不同角度拍攝幾張照片，這款 3D 印表機就能根據幾張照片提供的圖像，列印出一個與拍照者一模一樣的塑膠頭像。

　　而德國在工業 4.0 提出的「智慧工廠」，則是將訂單、加工及銷售等多個方面加以融合，同時串聯所有的環節，實現機器與機器的交流。這個 3D 列印展示攤位的負責人表示：「德國推出的工業 4.0 計畫是未來策略。雖然德國在製造業的地位舉足輕重，但德國在資訊技術方面卻不是很強，因此唯有強化資訊技術與製造工業的結合，充分理解這方面的知識，並學會相關技能，才能在工業 4.0 時代握有更多的主動權。」

德國工業聯盟（German Industries Federation）的主席烏爾里希・格里洛（Ulrich Grillo）說：「德國在資訊技術等未來核心技術方面確實落後美國等幾個國家，而且歐洲企業在全球資訊技術市場中也並未占據重要的分量。因為德國曾經失去成為該領域龍頭的機會，如果以後德國還無法彌補這方面的缺失，達成製造業與資訊技術的完美融合，德國製造業的領先地位必定會面臨巨大的危機。」

目前，綠色能源仍然是先進國家堅持發展的主要類型，但是為了因應新能源存在的一些缺點，以智慧電網為代表的能源專案，成為未來能源產業發展的主要方向。虛擬發電與組合發電這種「智慧發電廠」將融合現有的發電模式，組成虛擬發電站。位於德國萊比錫的 Energy2Market 的建造初衷即是以此為目標。透過這種模式可以妥善解決新能源在發電方面所存在的缺失，讓發電站不會陷入「單兵作戰」、「靠天吃飯」的困窘局面。

製造業是德國的強項，中國的資訊網路技術雖然比不上很多先進國家，但是也有很好的基礎。

工業 4.0 最重要的方面就是生產中的數位化和智慧化，德國有很多企業的策略制定中都涉及這方面的內容。這些企業基本上都是在基本模組不變的前提下，盡可能地滿足客戶的要求，根據對方的要求進行產品的生產與設計。目前一個十分重要的環節就是制定全球通用的標準模組，也就是大家需要的標準「工業用語」。

如果想要未來的智慧工廠實現完全的自行運作，首先必須要讓零件與機器實現互聯互通。在德國漢諾威工業博覽會上曾出現的「智慧工廠」，便展現可以透過模組化生產線對產品進行自動化加工製作的場景，當時展示的生產線所製造的是抽取

式面紙盒。這種生產線與傳統生產線存在很大的區別，關於製作抽取式面紙盒的一切資訊已經提前導入產品組件本身，之後的整個生產過程便透過產品組件與生產設備之間的彼此交流來完成。零組件可以指揮設備自行生產並組裝。這種智慧製造模式讓大部分產品都可以實現個性化生產，並且盡可能地滿足客戶的不同需求。

資訊化帶動工業化，工業化促進資訊化

針對工業 4.0 的「襲擊」，中國已制定出適合自己的工業資訊化計畫，以改變當前的被動局面。中國制定的資訊化產業策略是以資訊化帶動工業化，然後結合資訊技術與製造工業，廣泛應用高科技提升製造業的效率，並致力打造擁有自主智慧財產權的產品，保障中國在全球製造大國的地位，並且逐步向製造強國轉型。中共十六大中明確提出「資訊化帶動工業化，工業化促進資訊化」的重要方針，這無疑是對製造業的發展提供政策支援，讓製造業可以更快、更高效地實現資訊化、智慧化。

資訊化帶動工業化是所有國家的普遍共識，但是中國制定的資訊技術與製造工業相互結合的策略更符合國情。歐美各國的工業化已經居於世界領先水準，資訊技術已經與製造業相互融合，無論是發展模式的品質，還是建立速度都有明顯提升。

在中國，想要實現這個過程就必須將工業化和資訊化同時融合。中國已經在工業 4.0 時代落後西方國家，因此必須發揮後發優勢，以資訊化帶動工業化，最後成功強化資訊技術與製造工業的結合度，打造出先進生產力，讓製造業完全實現智慧化和自動化。因此，工業 4.0 時代背景下的資訊技術與製造業

相互融合的策略，在國家發展中具有很重要的借鑑意義，同時在現代化建設中也有很重要的指導意義。

資訊技術與製造業的結合是工業化發展到某個階段的產物，而資訊技術的發展、資訊基礎設施的建設，以及資訊網路的建構都是以工業化為基礎來進行的。在工業 4.0 時代，資訊技術與製造工業的結合，成功推開企業管理的大門，很多企業不得不進行重組和生產流程再造，如此一來，就能為先進管理理念與模式創造諸多有利條件。

資訊技術改造迫使傳統工業做出重大變革，在產品設計、生產製造、管理模式、行銷運作等環節必須使用資訊技術與資訊網路，透過這種方式改造自身資訊技術，重構生產流程，並建構新的組織管理模式，進一步使傳統產業步入現代化、智慧化。

智慧產業屬於新興策略產業，它的出現和發展不但讓現有的產業結構開始進行重組，還為其他產業的變革創造有利條件，從而大幅改善製造業的整體素質與國際競爭力。資訊技術和製造工業的結合，有利於傳統工業逐漸轉向新型工業，可以提高生產力，以最快的速度實現資訊技術與製造業的結合。

據統計，中國製造業在附加價值方面所占的比重是 78%，而從業人員則占了 82%。因此，走新型工業化道路，強化製造業的資訊化、智慧化、自動化，就可以有效提高中國工業生產方面的效率，以及製造業在附加價值方面所占的比重。

目前，中國的網路環境異常混亂，存在「諸侯割據」的問題。很多部門各自為政，導致資訊網路技術標準存在很大的差異，業務內容也十分單調，沒有任何亮點，還存在嚴重的「資訊孤島」現象，導致中國在資訊共用和數據傳輸方面陷入困局。不僅造成社會資源的巨大浪費，還減緩資訊技術與製造業融合

的速度。

中國是製造大國，在傳統產值總量裡，光靠製造業就撐起「半壁江山」，現在卻面臨產業結構的調整，還要進行適當升級，這時候資訊技術就顯得特別重要。傳統產業的改造已經迫在眉睫，因此應該將主要目標鎖定在製造業。

強化資訊技術與製造業的結合，主要就是將資訊技術、自動化技術，以及先進的管理理念與製造技術加以融合，建立智慧化的新興製造業，實現中國在全球的製造強國地位，全面提升在製造領域裡的國際競爭力。然而，製造業與資訊技術相互結合是十分龐大的工程，需要很長時間的相互融合，不能一蹴而就，因此中國「製造業與資訊技術相互結合工程」就必須讓數位化、資訊化、智慧化、自動化等更為顯著。

強化資訊技術與製造業的結合，必須沿著兩條主線進行：一是在全中國掌握製造資訊化工程建設，透過資訊技術改造傳統產業，並建立多方位的資訊技術服務體系，展開更多的技術交流等；二是積極研究資訊產業方面的關鍵技術，在產品設計、生產流程、銷售環節、管理理念等方面靈活運用，展開更多關鍵技術的研發，促進更多的企業整合，並且在區域網路中建立大容量的數據庫，透過數據對設備進行指令傳輸與遠端控制，為製造業資訊化工程提供技術支援。

Google、聯想如何靠資訊化帶動製造業回流？

工業 4.0 時代到來後，先進國家開始將製造業的重點放在研發和銷售方面，而將其他工作交予外包公司進行。這會使我們步入全新的商業模式之中，在生產和銷售中皆實現高效運

作。的確，有些人認為這是現代供應鏈的誕生，因為一個產品分別交由許多公司共同完成，各個公司將製作好的零組件交由一家公司進行組裝，然後通過一家公司掛牌上市。例如，戴爾（Dell）、三星（Samsung）、惠普（Hewlett-Packard）、索尼（Sony）等公司。定點生產工廠並不承擔自行生產零組件的工作，因此不可能出現自己的製造業及提供相關服務。

Google 社交串流多媒體播放器 Nexus Q 已經推出一段時間了，很多人始終認為它是直接在公司總部的工廠製造的（儘管 Google 並未透露太多關於這方面的訊息）。其實它的廠房距離總部僅 15 分鐘之遙。Google 生產的產品大部分是在自己的大型廠房中組裝完成的，雖然 Google 已經與其他製造商展開一系列合作，但大部分組裝和生產都由自己完成。

如果 Google 真的在生產過程中開始自行生產和組裝的話，那無疑代表它在製造業方面已經提前做出布局。實際上，Google 已經自行加工製作伺服器很長時間了。2014 年，據悉 Google 公司曾考慮在美國啟用無人自動裝置，進行產品的生產與組裝。

這種現象或許在未來會形成一種趨勢。《紐約時報》（The New York Times）發表的一篇文章中顯示，奇異公司和卡特彼勒（Caterpillar）公司最近已經陸續將一些製造工業帶回美國本土，這些事件僅代表產品製造服務剛剛開始回流美國本土，之後還會有更多製造方面的工業回歸美國。

波士頓諮詢集團（BCG）在 2014 年公開的一份報告中顯示，營收達到 10 億美元或以上的美國公司，已經有超過一半的公司開始著手製造業的回流規劃，企圖將製造業逐步帶回美國本土。

　　還有聯想（Lenovo），也開始考慮自家製造服務方面的規劃。它已經限制將製造環節移到美國，並逐步擴張更多自行生產的範疇。《華爾街日報》（*The Wall Street Journal*）曾經專門有一篇文章，對聯想如何逆勢使用契約製造商進行報導。聯想從這種自產自營模式中看到了更大的商機，認為這種模式可以讓企業在激烈的競爭中占據一席之地。聯想擁有八個製造和組裝工廠，並計畫在短期內再增設三個。

　　「其實，電腦銷售跟市場上的水果蔬菜銷售是一樣的。」聯想集團董事長楊元慶在接受記者採訪時說道，「電腦的更新速度非常快，因此我們必須清楚地了解到怎樣才能與時俱進，並合理、有效地控制庫存，以最快的配送速度配合銷售、營運和企業的運作管理。」

　　例如，泰國曾經因為發生水災而導致市場硬碟短缺，而聯想可以在最短時間內解決供貨問題。當時雖然有些硬碟依然供不應求，但大部分硬碟的銷售是沒有任何問題的。

　　實際上，聯想只是將製造線轉移到能夠獲得硬碟的產品上，透過這種方式在最短時間內提升了公司在銷售市場上的占有率。如今，聯想的供應鏈已經打造得比較適合自身的供需關係。

　　根據相關部門做出的報告顯示，儘管其他大部分存在競爭關係的企業都採用其他的生產製造方式，但聯想依然堅持公司在 2009 年設定的發展計畫——全面展開內部製造，最終實現產品在內部完成全部製造過程。因為，只要在以後實現了垂直整合與網路製造系統的融合，聯想公司就可以更快地發展和進步。

　　工業 4.0 時代的到來，說明聯想的這一策略非常成功。他們以自己的卓越遠見，為企業在變革中打下了堅實的基礎，因此在這場席捲全球的變革中，聯想必然可以以遠超其他公司的

速度發展和壯大。同時，我們應該對 Google、聯想以及其他公司將製造業帶回本土的策略進行細緻觀察，因為這必然會為全世界供應鏈帶來重大影響。

33 適應萬物互聯的發展趨勢

　　德國是一個重視標準的國家，其制定的製造業智慧化策略中對標準這個概念做出全面詮釋，讓很多環節的制定都依照某種標準來進行設計和建構，並且認為唯有如此，才能在技術掌握、產業進步方面取得重大突破。

　　根據德國標準化協會（Deutsches Institut für Normung, DIN）估計，近三十年來，德國 GDP 年均成長 3.3%，其中因為標準化制定而實現的成長占 0.9%，而資本投入的成長貢獻率才只占 1.3%。

　　在工業 4.0 時代，工業 4.0 的實現必須建立在人、機器、資源的高度融合之下，各方面的互聯互通必定要建立一個系統架構。其中，各種設備、應用技術、資訊間的交換都必須透過標準化體系進行特別處理。

　　為了順利完成在工業 4.0 中的變革，德國工業 4.0 協會將標準化放入總體策略的規劃中，企圖透過這種方式讓生產過程中的各個方面達到高度互聯狀態。工業 4.0 工作團隊也將標準化放在眾多行動中的首要位置，還計畫要在正處於建構中的工

業 4.0 平台下，建立專門處理標準化問題的工作小組。為此，德國工業 4.0 工作小組在 2013 年 12 月公布「工業標準化路線圖」。顯而易見的是，德國已經將標準化策略放在特定的模式中加以落實，並且加強標準化在策略制定中的推廣力道。德國想要以此為目標，為製造業的發展制定出可行路線，並且勾勒出適合德國的整體架構。

因此，中國在推動智慧化製造策略中，也必須對標準化所能發揮的作用給予高度重視，同時在製造業的變革中注入標準化元素，讓其發揮引領作用，並且及時制定資訊技術與製造業相互結合的標準化路線。最主要的是，實現標準的國際化，讓制定的標準能得到更多國家的認同，才可以讓中國在激烈的全球競爭中占據策略頂峰。

在實施資訊技術與製造業深度融合策略、發展策略性新興產業的過程中，必須對核心資訊技術給予足夠重視，只有這方面的技術取得突破性進展，中國才能更妥善地完成創新生態系統的建設。工業 4.0 對各方面能源的再配置進行深度分析和研究，強調系統、整合等方面的協調性，對整個製造業的發展來說都是非常重要的，我們不僅要把它當作一項核心專案來進行研究，還要持續關注這方面的技術。

大企業引領中小企業，中小企業支援大企業

德國在工業 4.0 中制定雙重策略，十分看重大企業所發揮的引領作用，同時強調中小企業應該透過工業 4.0 所帶來的變化解決生產、學習、研究及技術運用等方面所存在的一連串問題。德國已經有很多大企業、跨國公司參與工業 4.0 的計畫，

包括西門子、博世等全球知名企業。此外，雙重策略對中小企業也有很強的吸引力，讓很多中小企業都積極地參與其中，成為工業 4.0 技術變革的受益者，同時在先進製造技術的發明和創造方面也發揮積極的推動作用。

無論從技術發展，還是創新生態與資訊技術融合方面，工業 4.0 可說都提供無與倫比的便利條件。工業 4.0 還重視「製造系統的集體變革」，並積極研究這種模式的實現路徑。因此，中國在推動兩化深度融合策略中，也必須重視大企業的帶頭作用，並且引領中小企業積極參與，藉此來推動學界與產業界之間的共同進步和發展。同時，還應該大力推動網路基礎設施建設，利用大數據技術對製造業的系統安全進行嚴格把關，幫助實現製造業的升級轉型規劃。最重要的是，必須加快製造業大數據產業的發展，才能確保在新一輪的競爭中，不被工業 4.0 時代所淘汰。

工業 4.0 是產業互聯，是網路資訊技術發展到一定階段所出現的新興製造業發展模式。從終極目標來看，工業 4.0 並不是為了迫使製造業進行轉型而做出的技術變革，而是為了提高企業、產業乃至國家在各方面的發展速度，並且提升整體競爭力。

資訊技術的持續發展，就是為了讓人們的生活實現全面互通互聯，同時將產品打造成可移動的網路終端。而萬物互聯指的則是將人、物、數據及程序依靠網路進行互通，徹底實現人與人、人與物、物與物之間的全方位連結，打破現有的生產方式與生產環境，進行重組和變革。如此一來，人們可以透過感知、數據傳輸等方式，及時處理生產流程中所遇到的問題，同時實現人、物、數據等方面的流程再造，藉此對外部的影響進

行智慧處理和即時性數據傳輸，足不出戶即可掌握生產設備的工作動態。

單一到聯合智慧工廠的時代

只要工廠生產體系達到高度智慧化，所有生產流程就可以交由電腦控制。因此，製造者可以對整個生產流程實施全方位即時監控，而透過監控就可以了解什麼時間需要填充什麼材料，需要什麼樣的處理，然後透過什麼程序確保整個生產過程流暢進行。這不僅涉及自動化的問題，還涉及智慧控制，透過遠端控制實現產品的整個製造過程。如果某個部分突然故障，控制中樞就會發出停止作業的指令，並且進行自動維修。

在生產具備個性化需要的產品時，可以透過資訊技術對能源進行高效率利用，並且將生產各種零件需要注意的問題全部納入考量，而且設備在做出某些決策時，也能將所有組織體系考慮在內。這種思考方法是從整體上進行布局，必定能促使整個產業鏈的生產變得精準且高效率，同時可以幫助操作人員實現高難度的整合工作。

未來是智慧化時代，可望看到智慧化充斥在生活中的各個角落。這些都是智慧化製造帶來的成果，而要實現這個過程就必須採用網路資訊技術，將虛擬操作與現實世界加以融合，透過數據獲取技術蒐集人們在生活中各方面的數據，然後對這些數據進行細部加工，並按照其特性來設計控制程序，按照客戶的實際要求完成智慧化控制。

如此一來，智慧工廠在生產方面就會變得精準且高效，之後就可以考慮將單一智慧工廠進行整合，組成「聯合智慧工

廠」，在生產上實現真正的自給自足。例如，我們可以將外部工廠囊括進來，在生產過程中，如果遇到某些原料不夠用時，這些工廠的供應商就會及時取得供貨資訊，以最快的速度進行原料加工，並且直接交給採購工廠。

由此可以看出，智慧工廠與一些有合作關係的企業可以透過智慧控制系統進行整合，透過這種形式的互動，成功打造出智慧化商業模式，也就是無時無刻都在產生數據，每時每刻都掌握生產過程的即時動態，透過這種方式及時解決生產中遇到的棘手問題。

這種智慧製造為中國在製造業的轉型帶來重要啟示。工業 4.0 是由德國政府提出的國家級策略，代表的是德國以國家角度制定的策略布局和規劃，決定著德國在未來製造業的走向，和解決相關問題的對策。這與中國制定的製造業和資訊技術深度融合策略存在很多相似之處，其中提出很多解決問題的策略，對中國來說都是很重要的借鑑。

34 匯聚優勢：
人機協作改變工業生態

工業 4.0 時代，需求全球化與生產全球化幾乎同時進行，很多企業在占領國外市場後，都紛紛展開業務的「本土化」工作。為了因應這種變化帶來的挑戰，必須針對所有「智慧工廠」與可以創造價值的合作夥伴展開高效互聯。想要實現不同企業之間的高效互聯，就必須涉及不同軟體系統，而這正是當今眾多企業面臨的難題之一。除了自身技術之外，參與人員之間的文化交流也是一大挑戰。

由於中國製造業在智慧製造技術和自動化製造技術上所做出的成就，遠遠低於西方先進國家，因此要奮力追趕，爭取研發出更先進的製造技術。中國在自主創新方面有所欠缺，大部分核心製造技術基本上都掌握在歐美等先進國家手中，所以必須匯聚自己擁有的一切優勢，透過人、機、軟體的高度協作改變工業生態系統。只有讓工業生態系統與中國製造業相互吻合，製造業才能取得長足的穩健發展。

而在進行工業生態系統架構時，必須以新思維進行思考，對於模式陳舊、潛能不足的製造企業，除了要提高本身的生產

智慧化程度以外，還要改變生產過程中人機互聯的方式。這種連動性主要是以客戶為本，同時考慮與生產流程的關聯，而這也意謂著可以從客戶的個性化需求中，得到大量生產流程的相關資訊。

工業生態的有效連動必須將人與機器成功融合，實現高效互聯，而不僅是有效的生產工具而已。

工業生態系統的改變，讓人們在規劃生活時所考慮的事物與以前不太一樣。如今客戶的個性化需求愈來愈多，人們都開始關注新的產品條件，與過去相比，社會和經濟的永續發展也已經受到愈來愈多的關注。

德國政府推行的工業4.0計畫，就是為了適應新時代的工業生態系統而提出的。簡單來說，工業4.0就是將全部智慧型機器有效聯繫，共同為人類服務。這些智慧機器不僅可以實現彼此之間的有效互通，還會與周圍的大數據、雲端運算、網路、物聯網聯繫，形成「智慧設備」、「智慧工廠」等有效生產工具，實現最終的產業整合。

那麼工業4.0系統與今天的工業系統存在什麼區別呢？今天的系統基本上都是沒有任何生命的機械化系統，而工業4.0系統則是擁有「生命智慧」的系統，因為它在生產過程中可以完成自我組織，包括生產操作、生產故障的自我診斷、設備的修復和保養等。而工業4.0生態系統之所以領先於現在的工業系統，主要是因為它可以實現整合控制，讓虛擬與現實生產加以融合。它的終極目標是，透過智慧製造技術、網路資訊技術、自動化製造技術，三者合而為一，將虛擬資訊與智慧機器有效結合，嵌入所有的生產設備組件中，形成智慧生產系統。

中國必須大力發展生產服務業，致力完善資訊化與工業化

相互融合的產業生態體系。而做為兩化融合的關鍵樞紐，生產服務業可說是推動製造業轉型升級的重要基礎。

同時，還要整合研發資源，專門從事於製造業核心技術、關鍵技術的研究和開發。大力培育可以支撐兩化融合的生產服務業，促進製造業快速地轉型升級，成功實現兩化深度融合；還可以利用資源的最佳化配置，提高製造業的專業化程度和自主創新能力。而中國製造業還要加強對企業品牌的建立，支持製造企業品牌的國際化發展。

在工業4.0時代，製造業將實現全程智慧化、自動化的產品設計、生產、物流配送等一連串的服務。試想：如果你訂製一輛汽車，這輛汽車在製造完成後，不用你上門取貨，而是透過智慧配送系統精準無誤地送到你的家裡，將會是多麼令人震撼的情景。

未來製造業必定會向客製化、個性化快速發展，因此物流配送也必須實現智慧化，具備自行組織配送、自發示警等功能。如此一來，製造業的智慧化製造技術、自動化製造技術才有意義，製造業的智慧化導向才有價值。

創立企業的「生態系統」，匯聚整體優勢

在製造業生態系統的網路環境中，很多要素都來自企業之間的聯繫。以新能源汽車業的生態系統為例，汽車業與智慧製造技術研發單位、材料供應商、物流公司、能源供應商，產品代理商、服務公司、策略合作夥伴、客戶、競爭對手等聚集在一起，形成龐大的工業生態系統。

汽車企業生態系統是一種價值鏈結構，主要是價值網路進

行橫向整合之後形成的結構形式。無論是企業或顧客，在橫向價值鏈上的表現形式都是類似生態結構的模式。就如同自然生態系統一樣，這種企業模式也具有高度的靈活性，可以為系統資訊帶來很大的幫助。

基本上，價值鏈中每個環節都是由生產效率較高的企業整合而成的。很多企業都是以本身的核心能力確保在市場中的主導地位，而其他核心能力不顯著的企業就會居於從屬地位。企業價值鏈的核心要素是自主創新能力與智慧財產權的獲取。企業生態系統內不同環節的整合和創新，促進該系統核心能力的提升，從而實現價值鏈上的創新。這種創新模式是中國汽車業欠缺的，卻是工業 4.0 時代對新型汽車產業的最低要求。如果想在新型汽車產業中謀求發展，企業就要不斷學習進步，參與自發形成的生態網路，以適應周邊的環境。

工業 4.0 時代，汽車生態系統必須不斷進化，這樣才能適應外界環境，而且系統內各個環節之間也必須展開有效合作。合作不只是價值網路中各企業之間展開的合作，存在競爭關係的企業也有可能展開一系列合作。這種生態網路系統中，各個存在競爭或合作關係的企業不再只是單一的競爭或合作關係，在主導企業的引領下，有很多存在競爭關係的企業也可以在相互競爭中實現雙贏的局面，這樣才能促進兩者的進步和企業本身的永續發展。

處於同一價值鏈中的從屬企業必須體認到，自己在已經落後地位時，繼續單打獨鬥是十分不智的行為，必須與主導企業攜手合作，結合各自的優勢，才能在新的工業生態系統中生存，也唯有如此才符合循環經濟和永續發展的要求。汽車生態系統要求節能省碳，因此新能源汽車必須盡最大的努力，好在節能

省碳方面做出新突破，這樣才能在未來的工業生態系統中占據更多優勢。而要實現這種狀態，就必須制定合適的策略：

第一，選擇適合自己的位置，積極建構自己的生態系統。

第二，提升生態系統的自主創新能力，在企業生態系統創新機制方面建立新內容。

第三，在生態系統內部展開有效的組織管理，推動生態系統的自主創新建設。

在全球經濟一體化的今天，無論是合作企業，還是競爭對手，抑或是企業與客戶，彼此之間的關係已經變得愈來愈密切，重組後的價值網路要求企業必須深入滿足顧客的個性化需求，但這已不是任何一家單一企業可以提供的，而是必須依賴工業生態系統進行合作創新，這樣才能讓更多的企業參與國際競爭，為工業生態系統的建構和創新貢獻一己之力。

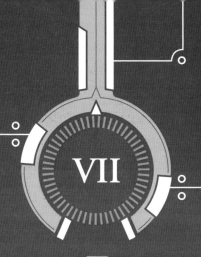

VII

工業4.0投資機會：

了解並布局
工業 4.0 時代

　　與德國的工業 4.0 相比，雖然其他國家並未採用這個用語，但是它們已經把降低生產成本、提高生產效率及加快創新週期當作終極目標。

　　美國由奇異率領的「工業網際網路」變革如火如荼地展開，為美國在「製造業回流」方面做出重要貢獻。

　　與工業 4.0 的概念和目標相似，它也是想實現人、數據及機器之間的相互連結，形成超級開放的工業網路。但是，與德國的工業 4.0 相比，美國的「工業網際網路」更注重資訊技術、網路、大數據等方面所進行的創新與變革。

　　日本致力於生產線方面的變革，大多數企業紛紛採用「小生產線」，也就是透過採取新技術減少生產流程中冗雜的程序，將生產線縮短將近一半，並且透過改變車身結構，讓焊接生產線變得更為便捷。本田（Honda）就是透過這種方法，建立世界上生產流程最短的高階生產線；佳能也是透過這種方式，實現無人工廠的預期目標，從而將企業在成本競爭力的層面提升到國際領先水準。

　　中國隨著工業 4.0 的深入發展，人口的優勢逐漸減少，直到消失，勞動力供給減少使得人工成本大幅提升，為中國製造業的發展帶來巨大限制。根據相關數據顯示，中國沿海地區的人工成本已經與美國本土持平。

　　任何國家都應積極備戰工業 4.0，若想要保持製造業的優勢與機會，就必須在工業 4.0 時代做出正確的選擇和布局。

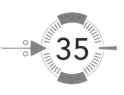

35 高鐵與航空的自動化裝備系統

　　2012 年 7 月 9 日，中國國務院正式發布「十二五」策略規劃，其中將航空裝備產業、軌道運輸裝備產業、智慧製造裝備產業等領域放在「中國製造」金字塔的頂端，並準備將它們納入國民經濟支柱產業，促進製造業智慧化、資訊化、自動化發展。

　　中國高新技術產業開發區（以下簡稱「高新區」）是新興產業的發源地，在工業 4.0 時代，這裡必將發揮至關重要的作用。目前這裡已經聚集大批具備高創新能力和成長速度的高階裝備製造企業，並在很多重要技術領域做出技術突破，自行研發出一系列高階產品，讓「中國智造」在世界享有更多的發言權。

　　近年來，中國航太技術已經在多方面取得突破性進展，大型飛機的市場需求逐漸增多。「十二五」規劃對航空航太產業做出具體部署：大型客機研發成功，並完成首飛；飛機生產線可以完成飛機批量交付；各種飛機機型在發展和應用方面都做出重大突破。

　　據了解，中國商用飛機的主要研發地集聚在上海高新區。

很多世界知名飛機零件製造企業也紛紛入駐，主要負責飛機機輪和機翼等零件的研發及生產任務。

中國湖南長沙高新區的相關部門表示，在自動化高階裝備系統整合方面，必須堅持以節能環保、綠色能源為主，致力發展高鐵、航太等技術領域，最終實現規模化生產；要盡一切可能，讓中國在技術領域達到國際領先水準，形成「一領域超強，多領域為輔」的產業群聚（industrial cluster），最終實現集「製造、研發、服務」三位一體的產業體系。

中國很多技術開發區都在航太領域積極進取，各大工業園區紛紛引進航空航太領域的多項新技術，用於基地製造和生產線的加工製造，它們研發的專案都可以代表中國在航太領域中的最高成就。

運用智慧交通解決運輸困境

此外，中國還致力打造智慧交通城市，採用先進的智慧製造技術進行裝備製造，並加快這方面的研究和技術突破。

隨著中國都市化的逐漸加快，光是地面道路已經不足以支撐壅塞的交通，軌道運輸在紓解都市交通方面可以發揮至關重要的作用，因為它具有大運量、低汙染、全天候等特點，所以成為很多都市處理交通問題的不二選擇。調查顯示，軌道運輸要比公車的載客能力高出近十倍。

對此，中國的「十二五」規劃做出明確指示，要求軌道運輸裝備產業必須採用國際最先進的主流技術進行設計和生產，而最主要的是要實現軌道運輸裝備的自主設計，獲得這方面的自主智慧財產權。致力打造產品使用時間區間內的全方位立體

服務體系，充分滿足中國在軌道運輸方面的需要，並保證讓軌道運輸裝備產業在國際上具有自主競爭力。

很多高新區都聚集軌道運輸裝備的核心設備製造企業，並且在交通製造業投入大量資金，準備打造幾個具備世界一流水準的交通產業群聚。

在發展高階裝備製造方面，大部分高新工業區都有先進的製造企業。據數據顯示，南京高新工業園區的高階裝備主要以交通和工具機等方面的製造為主，並且已經聚集中國很多知名的汽車製造商。這些企業共同合作，致力打造完美的城市交通。

陝西省寶雞市的高新工業園區在高鐵裝備製造產業方面擁有得天獨厚的優勢。據了解，寶雞市聚集大量以中鐵集團為龍頭的材料、裝備供應商，並聚集數量眾多的鐵路電氣裝備製造企業，可以利用高科技製造出很多具有世界一流水準的城市軌道運輸系統。其所生產製造的高鐵軌道可以承載每小時 300 公里以上的行駛速度，還自行研發出高速鐵路自動過分相裝置，一系列測量儀器、防護儀器等。高新區的製造企業自主創新將高鐵產業群聚推向世界舞台，並積極引導高鐵產業向其他方向延伸，在區域產業化方面形成自己的特色。

高鐵技術的突破在鐵路運輸史上具有劃時代意義，將資訊技術、自動化技術、智慧化技術、材料技術、製造技術等各個方面的先進技術全部融合在一起，可以說是科技與社會相互結合的產物。

高鐵技術改變人們當今生活的環境，提高能源的使用率，並節省土地資源，有效降低各方面的交通成本。因此，修建高鐵已成為當下紓解城市交通壓力最主要的辦法，而各國政府也都在政策方面給予大力支持。

　　但是，無論是高鐵的建造，還是營運維護方面，都需要巨額的資金投入，因此在建造高鐵營運路線時必須從經濟角度分析高鐵在各方面具備的優勢和劣勢，從成本投入、利益獲取及市場前景等方面進行系統性分析。

　　如果各國想要規劃高鐵路線，就必須為具體問題進行具體分析，按照本國國情來制定高鐵製造計畫。高鐵裝備製造企業必須對高鐵概念瞭若指掌，運行速度達每小時 250 公里就可以歸入高鐵新幹線範疇，而在每小時 200 公里的則納入高鐵既有線，但是都計入高鐵範疇。

　　與其他的運輸方式相比，高鐵具有十分明顯的特徵和競爭優勢，在性能方面遠勝於其他性質的鐵路。雖然飛機在速度上更快一些，但是機場一般都興建在郊區，而且需要等待的時間更長，因此並非大多數人的交通首選。而與汽車和飛機相比，基本上高鐵都會通過各個城市的中心區域，因此在一定的區間範圍內，想要去某地的話，乘坐高鐵所需時間是最短的。

　　據新華網記者報導，「高鐵」繼「乒乓球」、「熊貓」之後，成為中國又一個外交熱門詞彙。2014 年 6 月，中國總理李克強訪英期間，中、英關於高鐵等領域的合作達成共識。李克強在訪問他國期間，屢次提及高鐵，但向西方先進國家就高鐵領域達成相關協定還是第一次。

　　中國在高鐵領域擁有豐富的經驗，並掌握著相關方面的核心技術。如今，高鐵領域的成就可說已成為代表中國形象的一項標誌。2014 年年初，一系列有關中國高鐵的影片在紐約時代廣場大螢幕上持續放映，成功在「世界十字路口」展示中國新形象。

　　當「高鐵外交」也成為中國外交方面的熱門詞彙時，各國才意識到中國在國家策略轉型方面已經邁出重要的一步。

　　當然，高鐵技術為中國帶來新形象的同時，也為中國在技術領域的發展指出明確方向，有望使中國在工業 4.0 時代裡，全方面提升在世界上的影響力。

36 汽車產業的智慧系統

　　隨著網路資訊技術的發展，虛擬世界與現實世界正以超快速度融合，形成人與人、人與物、物與物的互聯。未來的工業生產將在高度靈活的條件下進行個性化生產，客戶和業務合作夥伴將會形成一個業務整合，並且為企業帶來更多方面的加值。這就是生產與高品質服務彼此連結而形成的混合產品，使得德國工業現在有機會優先推出自己的工業 4.0 策略規劃。

　　德國在嵌入式系統方面，特別是在汽車業和工程領域中已經發揮主導作用。在網宇實體系統變得愈來愈重要的背景下，嵌入式資訊與通訊科技系統和網路在製造業的研發中，也開始占據愈來愈重要的地位。

　　在 2009 年德國政府推出的計畫中，相關專家已經提出「國家嵌入式系統的路線圖」，並針對工業 4.0 所涵蓋的生產、服務及工作設計等領域進行調整，特別對「智慧工廠」在智慧生產系統與生產流程的實現上做出細緻的研究和分析，並且建立分散式網路化生產基地。同時，工業 4.0 專案還將以策略融資措施，解決物聯網領域存在的一些問題。

在「智慧生產」方面，將會對一些重要領域的工作人員進行更深入的培訓。例如，公司內部的生產物流操作人員、負責人機互動的監控者，以及在工業應用中使用高科技手段進行系統維護的工程師。而中小企業的積極參與對「智慧生產」也具有關鍵意義。德國的 BMW 在這方面就做得非常好。

德國 BMW 的工業 4.0 專案由德國工業科學研究聯盟（Industry-Science Research Alliance）挹注資金支持，主要是研究如何降低能源消耗，保證產品在生產和品質上擁有更大的可靠性。BMW 的生產基地透過智慧技術，將汽車在這幾個方面的優勢進行數據處理，並對這些優勢加以改良，形成新的產業特點。

BMW 的系統是基於中央的數據網路建置而成，可以透過網路對汽車的能源消耗進行評估和測量，並採取相應措施。因此，可以針對建置與供應的能源消費結構進行系統記錄，形成完美整合。

透過這些「智慧電表」，可以讓人們在早期辨識出導致過度耗能的偏差因素。此外，這項數據還可有效防止汽車生產過程裡出現生產突然中斷的情況，還能監測個別生產設施發生的某些故障，從而確保生產的是客戶所需的優質汽車。

BMW 實踐智慧能源管理

BMW 所採用的智慧能源管理，是工業 4.0 策略中的一部分，這個專案得到歐洲區域發展基金（European Regional Development Fund）的鼎力支持。最近，在德國柏林舉行的網路永續發展峰會上，BMW 憑藉著「綜合智慧能源數據管理方法」獲得「能源大師獎」。

　　智慧能源數據管理是 BMW 永續發展策略的重要部分之一，為汽車生產在環保的方面做出重大貢獻。

　　智慧能源管理系統，為 BMW 在大數據網路發展方面製造更多機會。首先，透過這種系統可以讓生產設備對生產流程中出現的故障進行有效識別。例如，如果使用多項能源設施而未出現任何生產參數的變化，就有可能是生產設備出現故障或磨損，造成這種問題的原因有很多方面，如軸承運轉過度緊繃，在這種情況下就必須添加額外的動力運作機器。

　　如果能源消耗或電壓開始下降，就有可能是發生錯誤（如不正確的材料應用）。此外，BMW 的新能源開發也可以準確了解各個生產過程中的能源需求。

　　在慕尼黑舉辦的電子元件與材料研討會（Electronic Devices and Material Symposium, EDMS）中，BMW 發現生產提供的資訊，在中央大數據庫的資訊紀錄中占了最大的比例，如程式設計和診斷結果。最重要的是，在這裡可以找到與生產相關的重要數據，而透過這些數據就可以了解汽車能在什麼時間與地點完工，以及整個生產過程需要花費多久的時間。

　　目前，BMW 在工業 4.0 策略上仍然處於策略推廣階段。透過先進的生產網路，BMW 必定可以在原有基礎上取得進一步的發展。

　　工業 4.0 策略使得 BMW 的汽車生產達到高度智慧化，但是這並不代表生產工廠就無人管理，也不一定會增加自動化設備。在這種時代背景下，首先要解決的問題就是，工人在生產中如何透過新技術的合理應用而得到理想的支援。

　　除了智慧數據管理以外，該方法還包括複雜的人機系統運用。透過這種方法可以顯著提高在生產過程中原本不利人工作

業的成功率。當虛擬世界與現實世界之間的聯繫愈來愈緊密時，就會出現新的機會，而 BMW 透過全球的生產網路，就可以讓員工展開更有效的合作。

在未來，BMW 的行動輔助系統可以為工人提供技術改進方面的支援。在所有生產程序的注意事項中，最重要的不是技術的可行性，而是生產技術可以為企業的生產效率帶來的好處。實際上，所有的一切最終都是為了客戶而服務。

透過上述的研究開發成果，可以看出 BMW 已經走在汽車產品的開發尖端，必然會為人們造就出安全、愉快的駕駛經驗。

汽車業的三大隱憂

在工業 4.0 時代裡，客戶對小型汽車的需求愈來愈迫切，因此汽車製造商都面臨這樣的困境：不得不解決人們傾向於小型車的問題。

但是，大部分汽車製造商都有一個很深的顧慮：如果政府撤銷以舊換新計畫，在汽車銷售方面會帶來什麼影響？在德國，汽車的以舊換新計畫對提升人們在汽車需求方面有很大的幫助，透過政策上的刺激消費，促使汽車在銷量上遠遠超越從前。因此，如果這種計畫被取消，很多購買者就很有可能會打消購買新車的念頭。於是，很多汽車製造商開始擔心歐洲汽車銷量會明顯下滑，除非一些富人可以加大採購力道。然而，即使以舊換新計畫繼續施行，購買者也所剩無幾。

第二個顧慮就是人口變化。對德國高級汽車製造商而言，這種變化特別明顯。截至 2020 年為止，先進國家新車購買者的年齡將會有一半超過 60 歲，而目前這個族群只占 28%。雖

然一些有品牌的高級汽車擁有堅強的實力，但是針對目前的情況，也支撐不了太久，因此仍希望朝向小型車的方向發展。

大部分的退休人員都不會透過公司購買交通工具，而是會自己花錢購買喜歡的汽車。在這種情況下，很多人為了節省成本，就不會選擇具有超強載重力的汽車。根據調查數據顯示，65歲以上的老人開車行駛的車程都很短，這也就意謂著汽車的使用壽命將會大幅延長。再加上如今汽車的品質愈來愈好，已經有人預測已開發地區的汽車銷售量必定會大幅下降。

第三個顧慮則是如今為了因應「全球暖化」問題，各國政府都在竭盡所能地節能減碳，因而導致所有的汽車交易市場都必須依照政府頒布的廢氣排放標準進行車輛限售，並且限制私人汽車的銷售。此舉雖然有利於那些大型車輛製造商，卻也迫使汽車製造商不得不投入大量資金發展廢氣處理技術，以滿足大眾的消費需求。

與此同時，各國為了因應工業4.0變革，紛紛頒布各項政策，在各個產業進行產業調整，而汽車業的智慧系統整合已經成為一大要項。汽車製造商必須著手處理生產力過剩問題，因為生產力過剩會為汽車業的價格體系帶來毀滅性的打擊，同時還要兼顧汽車生產線的智慧化問題。這樣說來，智慧汽車生產要達到健全發展水準，還有很長的路要走。

37 ─ 超級機器人，還是超級人類？

2011 年 2 月 18 日，人類被超級電腦「華生」（Watson）擊敗。至此，智慧電腦在與人類智力比拼中屢屢獲勝。透過「華生事件」，讓人們又想起超級電腦「深藍」（Deep Blue）。1997 年，深藍在一場西洋棋比賽中以絕對優勢擊敗西洋棋大師蓋瑞‧卡斯帕洛夫（Garry Kasparov）。這在當時引起轟動，人們認為電腦時代來了。

從深藍到華生，電腦智慧化已經實現跨越式發展。但是，電腦真的可以取代人腦嗎？真的會出現電影中機器人反抗人類的場景嗎？這個疑慮存在很多人的心中。

一些科學家認為，這就與宇宙學研究得出的「奇點」（Singularity）理論一樣，總會有那麼一個點，所有的定律都不適用。網路資訊技術正在朝著「超級智慧化」的奇點飛速前進。電腦科學家雷‧庫茲威爾（Ray Kurzweil）認為，這樣的資訊奇點必定會如期而至，屆時，人腦將遠遠落後於人工智慧，人類存在的意義將會產生翻天覆地的變化；人類將不再沿著現在的形式進行繁衍，而是會出現人與機器的融合，人類將變成「超

級人類」。

「超級人類」是否可以永遠存在？是否會出現人機融合的現象，或是直接將自己置身於機器中上市呢？其實，這種設想早在 1964 年時傳播學學者馬歇爾・麥克魯漢（Marshall Mcluhan）就曾進行詳細的論述：「未來，人類的作用只是負責機器人的生產與製造。屆時，機器將成為人類的延伸，而人類也必將成為機器的延伸。」

1950 年代，電腦科學之父艾倫・圖靈（Alan Turing）就做出過這樣的預測：在未來，電腦可以按照自己的思維方式進行思考。這一天必將到來，而且到來的日子已經不遠了。

如果真有那麼一天，機器具備自己的意識，也能和人一樣進行思考，那麼世界是否會大亂？庫茲威爾相信，這種事情無法避免，而且正在快速變成現實。根據他的預測，大約再經歷三十年的發展，人類文明就會面臨重大變革。

亞伯特・愛因斯坦（Albert Einstein）的廣義相對論在對宇宙變化的表述方面是正確的。後來，根據這一定義，史蒂芬・霍金（Stephen Hawking）和羅傑・彭羅斯（Roger Penrose）經過研究，得到一個相同的結論：在一般情況下，空間和時間內都存在著一個「奇點」，而奇點最主要的表現形式就是「黑洞」或「宇宙大爆炸」。在奇點處，目前得出的任何定律都將變得毫無意義。我們可以將這種奇點當作時間或空間的邊緣或邊界，而只有找出適合奇點出現的條件，才能真正弄清楚宇宙的演化過程。

電腦的計算速度愈來愈快，未來電腦的運作速度一定還可以出現突破性提升，屆時，人工智慧將會擁有自己的意識，進行獨立思考；人類自身也會產生諸多變化。在資訊學中，這個機器高度智慧化的時段也被稱為「奇點」。

　　如果你認可這種說法，就一定相信電腦會變得愈來愈強、智慧化程度愈來愈高，最後必然會取得極大的發展，最終一舉超越人類。它們在智慧方面的提升速度也會持續成長，或許最終真的會擺脫人類的掌控，自行主導今後的發展狀態。試想：如果機器的製造者本身就是一個超級智慧化的機器人，會出現什麼狀況？這時候它的工作效率會有多高？在這種情況下，它就可以隨意使用巨量數據對工作進行系統分析，最終得出更適合的解決方案，甚至還可以中途玩一些小遊戲，自我娛樂。

　　在未來，具有獨立思想意識的電腦將與人類共同主宰整個世界，但是就目前的情況而言，人類還沒有很好的辦法能預知今後的發展狀況，以及它們的行為意識。不過，現在人類在人工智慧的研究上已經得到許多具有參考價值的理論：最終，也許會出現人機融合的現象，人類將自己製造為超智慧的「半機器人」，透過這種方式拓展人類大腦的極限；也許這種人機融合的方式，可以讓人類不用再擔心壽命問題，獲得永生；也許人類可以透過科技把自己的意識儲存在電腦裡，如同軟體一樣得到「永生」；還有一個十分可怕的可能，就是機器人產生人性，開始反抗人類。

　　但是，得出的這些理論全部存在著一個共同點：人類自身會產生變化，未來的人類與現在的人類相比會出現本質上的改變。而這種變化的時間點，也被稱為「奇點」。

當「奇點」成真，超級機器人將走向「智慧爆炸」

　　雖然「奇點」這個詞彙聽起來有一些科幻性質，但其實這只是科學預測。當然，如果這種預測成為現實，「奇點」必定是繼語言出現之後，在人類歷史上最大的變革，也會是人類歷

史上最重要的事件。

「奇點」並不是什麼新奇理論，只能說它相較於現代的某些概念而言有些新穎而已。早在 1965 年，英國數學家古德（I. J. Good）就提出「智慧爆炸」（Intelligence Explosion）理論：「超級智慧化的機器，必將超越人類的智力極限，人類可以製造機器，超級智慧化的機器就可以製造出更好的機器。不用懷疑，在這之後必然會發生『智慧爆炸』，人類智慧必將被智慧化機器所超越，第一台遠超人類智慧的機器必定是人類的終極製造。」

「奇點」原本用於天文物理學，但卻被很多資訊技術方面的專家用在智慧研究上。「奇點」這個概念，在天文物理學裡只是時空中的一點。然而，在這一點之上，任何目前發現的定律卻都不適用。1993 年，美國召開的科技研討會上，著名的科幻小說作家傑諾德‧溫格（Jerrold Winger）說：「未來，人類在掌握製造超級智慧型機器的方法後，人類歷史也將劃上句號！」

工業 4.0 時代是智慧化的時代，也可以說是機器人的時代，在生產和人類生活的各個方面，都將出現機器人的身影。愈來愈多的機器人被製造出來，於人類社會中服務。雖然有可能會出現失控的現象，但是人類卻不得不沿著這條路繼續走下去。

目前，工業機器人的製造技術一直是由先進國家所把持，開發中國家並未掌握核心技術，只能進行代工與加工。因此，中國品牌機器人在國際市場上所占的比例微乎其微。

2013 年 9 月 26 日，中國瀋陽新松機器人製造廠生產的一批工業機器人，被中國第一汽車集團運用在汽車焊接生產線上。這幾個中國製的機器人直接「闖」入德國汽車生產線，並

與他國機器人展開實力比拼，這對中國機器人生產企業而言尚屬創舉。

中國在機器人系統方面正在奮起直追，有很多地區在機器人研發速度上產生極大改變，其中又以珠江三角洲地區為主的機器人製造和應用市場成長速度最快。

深圳市的機器人製造業十分發達，擁有很多家機器人製造企業，光是這個方面的收益就十分可觀，2011 年年產值就達到驚人的 160 億元人民幣，這個產業平均年成長 60% 左右。一般機器人製造在前期的投資都比較大，當地卻妥善解決這個問題，他們採取的行銷方法，就是購買者可以先使用再付款，如果在使用過程中發現機器人存在品質問題，甚至可以要求無償退貨。

而在製造業中，工具機可以說是產業的基礎，機器人則是「擁有智慧的工具機」。機器人製造業的相關人士表示：我們必須明白，如果想要在機器人領域贏得一席之地，就要有自主智慧財產權，不能總是使用外國產品，那樣只會讓本國製造愈來愈低迷，在附加價值上無法得到應有的利益。為了儘快超越競爭對手的機器人，必須用核心技術武裝自家的機器人，這樣才有戰力可言。

工業機器人在人們的生產製造中已經屢見不鮮，但就是沒有廣泛普及，究其根本是因為生產機器人的企業沒有按照客戶個性化需求進行客製的能力。很多大型機器人生產商都是國外企業，中國的生產企業僅負責加工組裝而已，這表明中國在機器人系統創新方面做得還不夠，研發技術還有待提升。

但有一點是不可否認的，就是中國工業機器人產業一直都在不斷進步，可是與西方先進國家機器人生產製造技術相比，

中國確實還是落後的，並且差距明顯。

在工業 4.0 時代，全球國際化分工的週期性不得不做出大幅調整，因此中國製造業多年來存在的人口優勢已經逐漸消失，反而在人力成本和製造成本方面有所增加。面對這種局勢，各大製造企業紛紛謀求加速生產線轉型升級，以便在激烈的國內競爭和國際競爭中謀取更大的利益。

在西方先進國家看來，目前中國機器人產業正逐漸具備獨立智慧財產權，並在全國形成一股機器人生產製造浪潮，逐漸形成專業機器人製造的研發基地。中國已經在機器人系統方面奮起直追，快速朝著國際領先水準發展和邁進。

38 自動化產業改造和升級

　　俗話說：「飯要一口口吃，路要一步步走。」從古至今的歷史演變來看，人類的進化與演變都是一步步走過來的。當然，今後工業體系的發展依然會遵循這樣的發展規律，但是如今人們透過新技術、新材料及創新技術即可大幅縮短工業製造上的進化過程，只是如果想要實現現代製造業的跨越式發展，實現工業上的自動化和智慧化生產，就必須有充分的前提要件。

　　在先進製造技術發展過程中，出現很多與智慧製造有關的理論與實踐，其中與智慧製造關係最密切，並且存在直接關聯的是技術上的數位化、資訊化及自動化。這些技術的應用與實踐對製造業的發展具有十分重要的意義，對智慧製造技術的推動也具有十分重要的支持作用，但是與智慧製造相比，卻又存在著或多或少的差別。

　　自動化技術是一項綜合性技術，在智慧製造過程中涉及很多方面，與資訊技術、智慧製造技術、數位化製造技術等高階技術都有十分密切的聯繫，而這些高階技術中的「控制技術」和「網路資訊技術」對自動化技術又有十分重要的影響。

　　在往後的製造業中，網宇實體系統對涵蓋自動化、智慧製造技術、數位化製造技術、資訊化製造技術、綠色化製造技術等眾多智慧製造部門與應用領域，都有十分重要的價值。因為網宇實體系統而達到既定目的的許多應用，必然會生成新的附加價值及管理模式和業務模式。透過對網宇實體系統的合理利用，不僅能夠把生產中的實際成本降到很低，提高能源利用率，還可以達到節能減碳的目的。

　　因為網宇實體系統的存在，使得智慧工廠在生產過程、資源利用、產品組裝處理等方面都有很高的水準，還可以在資源、成本節約方面發揮更大的優勢。未來智慧工廠的建構必須圍繞著永續發展的中心原則來設計，這樣才能保證在生產過程中讓生產設備保持更高的服從性、靈活性，使其具備更高的學習能力和容錯能力，而這在管理理念中也具有十分重要的意義。

　　在工業 4.0 時代，智慧工廠設備將實現高水準的自動化生產，這主要是依靠網宇實體系統的靈活融合才能實現。透過這種靈活的生產處理系統，可以在生產製造過程中讓生產設備達到更高的運作效率，更能完成既定任務，實現工作流程的徹底最佳化。同時，還可以在正常情況下保證最大的生產優勢，提高生產效率和能源利用率，幫助多間智慧工廠與製造企業所形成的資訊化網路不斷進行最佳化。

　　與傳統製造業相比，未來的智慧製造可以從多個角度滿足客戶的個性化需求，可以說是一種理想化的生產製造系統。不僅可以透過資訊技術和自動化技術實現對產品特性的調整，並從成本、物流、時間、永續性等方面全面實現產品製造的最佳化。這堪稱是一場「自下而上」的生產變革，在技術創新、成本及時間的節約方面提供更多的可能。

近年來，隨著中國勞動成本和加工成本的快速成長，許多企業都紛紛邁出自動化生產的腳步，電子製造業更是掀起一場自動化製造的浪潮。在 2014 年中國電子展中，氣動和電動技術生產企業飛斯妥（Festo）推出一系列適用於電子製造業的產品，與自動化技術方面的解決方案，這些產品和解決方案可以在很多場合直接使用。

電子業的生產過程十分複雜，主要體現在繁雜的生產程序與加工步驟上，生產的排列組合也非常龐雜。飛斯妥認為，想要提高電子製造業的生產效率，就必須解決這些常見的問題，才能實現快速、精確、可靠的自動化生產。

提及飛斯妥的氣動和電動技術時，該公司的負責人表示，無論是氣動或電動在自動化方面都存在優勢，如今掌握並充分利用氣動和電動的優勢才是首要任務。飛斯妥在這方面的研究已經達到國際領先水準，完全可以為客戶提供個性化氣動與電動產品，還可以根據客戶的要求進行結合，為客戶提供最好的解決方案，顯然產品的性價比也得到極大提升。

工業 4.0 將眾多與人、資訊技術、自動化技術及生產設備相關的資訊，透過網宇實體系統進行超級融合，然後透過形成的數據為製造業服務。由此來說，它的本質意義就是「融合」。

以「融合」為本質，提供創新智慧解決方案

工業 4.0 的主要任務就是實現生產的數位化、資訊化和整合化。與此相應的是，工業 4.0 必須實現工業上的智慧化和自動化，在原有的生產製造技術架構中，由「集中式」控制逐步轉向「分散式」控制，並且透過資訊技術使生產設備和網路緊

密結合，從而建立智慧化、自動化、數位化、個性化的生產與服務模式。在這種工作環境中，生產自動化技術完全可以實現自我診斷和修復，讓生產設備具備更高的智慧，如此一來，便能提高整個生產過程的生產效率與能源利用率，以最快的速度完成客戶交代的任務。因此，針對生產設備的智慧化和自動化功能方面就有更高的要求，而自動化分析軟體也必須具備超強分析能力與數據共享能力。

在工業 4.0 時代，製造業必須實現高度智慧化和自動化，因此要確保控制系統上的高度統一，以及資訊網路的高度暢通。而要實現工業 4.0，自動化系統內部就必須建立橫向連結。透過這種方式實現整體的自動化，並在控制系統的平台上架構統一的控制和驅動系統，實現深度整合。這樣可以大量減少生產工具的儲存數量，而控制平台的高度統一則能確保與其他的元件實現高效整合。此外，任何生產設備上都必須採用可視化資訊處理系統，以便在生產製造過程中進行標準化的生產和處理。

另外，在現場感測和數據獲取方面，必須在系統內部建立縱向連結。從生產設備的運作與能源使用，再到材料的處理，整個生產過程中的任何環節都會透過控制器和感測器形成巨量數據，僅僅來自生產過程中的數據就可以在很短的時間內超越公司的業務數據。即使是現在，也有很多這類數據正在透過特定系統進行分析處理。當務之急是先將這些來自生產過程中的數據和公司的業務數據有效結合，形成有用的資訊，透過這種資訊打造智慧化生產、自動化生產，並實現智慧營運。同時，還要透過這些資訊解決遠端維護問題和雲端技術的服務，如此一來，便可以有效因應不斷增加的數據服務需求。例如，遠端監控可以直接對某個零組件進行鎖定監測，還可以對整個生產

流程進行全天候即時連續監測。

　　基於工業 4.0 開放標準和統一資訊網路，製造業要充分實現生產上的自動化，就需要借助統一網路基礎設施，讓智慧工廠內的所有設備建立聯繫。未來網路交換設備必定可以普及，要實現自動化產業的改造和升級，就必須採用智慧化技術、資訊化技術建立更加強大的網路資訊系統，實現設備與設備之間的高度互聯，從而提高生產中的自動化和管理方面的精細化。

39 數位化製造的助力

網路資訊技術的變化為全球製造業帶來巨大變革,讓整個工業領域都面臨巨大的挑戰。透過虛擬世界與現實世界相互結合的方式,未來製造業必然會實現高生產效率、高上市效率及高度操作靈活性。在德國推出的工業 4.0 策略中,虛擬生產必定會與現實結合。

2013 年 9 月,西門子在中國成都市建立自動化生產和研發基地,並且開始投入營運。這間工廠在生產數位化、自動化方面具有很大的優勢,然後確立綠色化、虛擬化的生產原則,使工廠的生產流程與現代化生產模式相互適應,並採用數位化製造解決方案。

如今全球工業都需要進行轉型,以適應工業 4.0 提出的各種要求,並滿足數位化製造的要求。

當前,中國逐漸由「製造大國」向「製造強國」發展轉型,「中國製造」將變成「中國智造」。而中國想要擁有「製造強國」的地位,除了研發出更多、更先進的產品之外,還必須在進行產品生產時保證生產過程的高效率、自動化、智慧化及綠色化。

目前，自動化製造技術已經在產品研發和生產過程中得到有效應用，裝備各方面的性能也得到相應提升，而產品的設計與生產技術和其他環節相比，還是薄弱很多。想要解決這種問題，就必須使用數位化製造技術。

數位化製造技術屬於新出現的高科技生產技術，但是透過一段時間的實行後，證明數位化製造技術可以顯著提升製造企業的生產能力。中國需要在保持製造業持續發展的同時，較快地完成製造業的轉型和升級，這時數位化製造技術就可以發揮至關重要的作用。

「數位化製造」其實就是一套在設計和製造團隊中建立統一規劃，並且可以進行有效溝通的解決方案。它由多方面的技術成果與視覺化、優質化、模擬等製造技術組合而成。更廣義的「數位化製造」則是將數位化技術運用在生產製造過程中，然後透過各種技術手段來進行實際操作，從而達到提高生產效率和產品品質的目的。另外，還可以降低涉及各方面的製造成本。

數位化製造所具備的真實含義可以如此理解：數位化產品、數位化技術、數位化工廠、數位化管理和數位化生產資源，包括數位化設備（如數控技術中心、智慧機器人等），還包括生產加工工具和工作人員。

西門子產品生命週期管理軟體供應商對數位化製造進行這樣的定義：利用仿真工具、3D 作業系統、解析工具並整合各種程式的網宇實體系統，同時對產品製造和生產流程進行設定的過程。數位化製造是由很多類型各異的製造方案共同組合演化而成的。例如，電腦整合製造、網宇實體系統、視覺化作業系統、容易製造的設計，以及產品流程設計等眾多的製造方案。

西門子如何領軍數位化發展

在西門子產品生命週期管理軟體供應商的總經理梁乃明看來，產品的生產流程及設計方式都在被數位化製造技術潛移默化地改變著，伴隨這種情況的進一步發展，數位化製造技術就會成為製造業發展的新動力。正是因為數位化製造技術在工業轉型上展現的重要作用，所以製造業必將透過對網宇實體系統等技術手段的充分利用，快速向「數位製造」轉型。

西門子產品生命週期管理供應商的專案規劃與這個轉變不謀而合，所提供的解決方案必然也會實現虛擬與現實生產之間的相互結合，並借助這種變革力量，推動製造業的不斷發展和轉型。西門子產品生命週期管理供應商具備較強的創新能力，且擁有完整的生產線，還具備豐富的業內知識，為工業 4.0 的到來奠定深厚的基礎。

梁乃明介紹，西門子工業自動化生產和研發基地必然可以幫助西門子實現永續發展，該公司可說是「數位化企業」中的典範。西門子在工業自動化的生產與研發方面無疑領先很多企業，因此將不遺餘力地幫助其他較為落後的企業，讓全球在自動化、數位化、智慧化之中保持高效互聯，同時也把最先進的數位製造技術帶到中國。

德國制定工業 4.0 策略，根本目的就是為了保證德國製造業在全球中的地位，並幫助德國在各個方面的發展和持續進步。為此，德國政府組織眾多國內企業參與其中，西門子就是其中的主導企業。

網宇實體系統被眾多企業認為是工業 4.0 時代的發展趨勢，它將在現有的網路設施基礎上進行新的變革，拓展各種電腦應

用，徹底將虛擬世界與現實世界整合為一，真正實現資訊上的互聯與共用。對德國政府而言，推行工業 4.0 計畫就是為了解決都市化、資訊化、智慧化生產所遇到的重大挑戰。

「對於工業 4.0 策略計畫來說，必須透過一定的時間進行探索，而西門子產品生命週期管理供應商在這個策略下進行的定位，無疑是十分準確的。」西門子產品生命週期管理供應商的技術總監方志剛表示，「如果想要在工業 4.0 時代成功生存，就必須全面最佳化產品生命週期，才能延長生產生命週期。而西門子產品生命週期管理供應商若想要在工業 4.0 的變革中贏得更多先機，就必須依據領先的供應商策略和市場策略，對市場動態進行合理變革。」

方志剛介紹道：「做為工業 4.0 理論的實踐者，西門子產品生命週期管理供應商的解決方案在西門子生產基地進行全面應用，這些解決方案還在其他德國工廠得到全面推廣。西門子制定的國際標準化專案可以說是西門子產品生命週期管理供應商實務的一個代表作。剛剛成立時，國際標準化專案是最引人注意的數位化研發專案，經過多年實施後，西門子產品生命週期管理供應商所提供的解決方案，如今已經可以供全球大部分國家和地區共同使用。這是西門子有別於其他供應商之處，同時讓西門子掌握更多的實踐經驗。」

「西門子產品生命週期管理供應商是軟體供應商，也是生產設備供應商。它在產品開發和策略併購方面注入大量資金，透過這種方式形成最佳化的產品組合。」

方志剛也指出：「經過持之以恆的研發和多方併購，西門子產品生命週期管理供應商已經擁有非常完整的生產線，包括各個方面的解決方案。而在數位化製造領域，主要提供可行性方案

進行產品生產，數位化製造是一個綜合性解決方案，它將產品設計、生產過程到製造執行等都緊密連結，這不僅推動技術方面的創新，還讓生產流程變得更有效率。」

方志剛還介紹西門子產品生命週期管理供應商參與「中國兩化融合」專案所取得的最新成果。他表示：「我們和清華大學的相關人員共同參與資訊化和工業化的深入結合的策略研究，並與多個部門達成共識：第四次資訊技術革命必然發生在工業領域，目前已經開始變革，而中國正在推行的『兩化融合』，主要動力來自於工業軟體。因此，西門子產品生命週期管理供應商大力推動工業資訊化及標準化，為數位化製造技術奠定堅實的基礎，並工業 4.0 相關策略的實施和執行，還可以推廣數位化製造技術。」

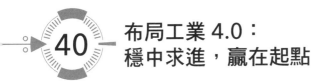

40 布局工業 4.0：
穩中求進，贏在起點

　　工業 4.0 時代，各國知名企業正紛紛在全球展開布局之際，西門子卻已經贏在起跑線上。

　　位於德國安貝格（Amberg）的西門子電子工廠就是一個很好的例子，它負責生產西門子工業電腦（Industrial Personal Computer, IPC）。該工廠的生產流程基本上已經實現智慧化，透過採用西門子資訊技術平台，來提高生產效率與操作靈活性。

　　在該平台中，生產管理者可以在極短的時間內修改生產程序。憑藉強大的資訊技術平台操作系統，透過數據傳輸設備和無線射頻辨識（Radio Frequency Identification, RFID）晶片，每天可以進行大量的產品推測計算。透過將產品數據載入到資訊技術平台作業系統，即可確保傳輸數據與設備得出的數據是一致的。

　　智慧工廠的控制系統就可以透過這種方式全面掌握所有產品。例如，某件產品在生產過程中的所有狀態、是否通過最終檢驗等詳細資訊。如果某件產品未能通過最終檢驗，控制系統就會自動連結相關部門，把詳細的數據分析呈現給技術人員。所以，該工廠在西門子的全部工廠中出現的誤差最小，其誤差之低更達

到令人匪夷所思的程度,目前的合格率是 99.99885%。

針對工業 4.0,西門子認為工業 4.0 存在三個要素:第一是企業與企業之間在生產網路的融合方面,製造執行系統必然可以發揮十分重要的作用,自動化與製造執行系統之間的連結一定會相當緊密,還可以實現企業與企業之間的彈性生產。第二是虛擬與現實生產相互結合,就是生產流程中的虛擬化世界和現實世界有效融合為一,以提高生產效率、縮短產品上市時間、滿足客戶個性化需求等。第三是網宇實體系統,在西門子的「智慧工廠」中產品零組件自身就擁有產品資訊,此時產品就可以透過本身資訊中的要求,自行與生產設備進行溝通,並且下達生產指令,讓生產設備將產品自行生產出來,以滿足客戶的個性化需求。

西門子很早之前就在為工業 4.0 的到來積極做好準備,其為中國客戶提供的解決方案就是由該公司研究得出的成果。而該公司研發出的數位化企業平台,可以在製造業的智慧化、自動化、資訊化過程中發揮重要作用。西門子已經研發出最先進的生產控制系統,還研發出監測生產過程的軟體與配套的硬體,在工業 4.0 變革中快步前進。

針對高齡社會,日本如何振興傳統製造業?

而身為工業強國的日本,在工業 4.0 時代也做出積極布局。眾所周知,日本社會的高齡化問題愈來愈嚴重,該國政府在制定相關政策時就充分考慮到這一點,因此把人工智慧技術放在發展製造技術的重要位置,並且針對發展人工智慧技術的企業提供很多優惠政策,讓日本的人工智慧技術取得很大的進步。

日版工業 4.0 有著自己的特色,主要是把精力放在人工智

慧產業方面，企圖透過這種方式解決勞動力斷層問題，並且在智慧化開發中做出一些成績，率先把人工智慧化運用在製造業生產線上。

由於政策優惠，日本採用人工智慧技術進行生產的企業逐漸增多。相關專家指出，日本早在 1990 年代就已經運用工業機器人，而今已在工業機器人領域取得眾多領先世界的成果。日本希望可以透過人工智慧機器人解決勞動力斷層問題，從而降低勞動成本。

另外，日本大多數企業都開始使用小型智慧設備。日本著名汽車零組件生產企業電裝（Denso）已經在這方面進行改革，該公司透過對生產設備、生產技術進行徹底改革，使生產時間縮短 30%，設備成本降低 80%，能源消耗降低 50%。由於成本降低，同時汽車銷量上升，因此在全球汽車零組件製造商排名中一直名列前茅。

有別於西方先進國家對資訊產業的重視，日本始終針對國內製造產業進行發展。日本在起初振興機械工業時，就制定《機械工業振興臨時措施法》，後來還根據國內實際情況對該項法規進行數次修改。1970、1980 年代，歐美等國都將製造業當作「夕陽產業」來對待，紛紛將精力投入高科技領域和軍事工業領域時，日本卻始終把主要精力放在製造業，投入大量經費研發先進製造技術，從而實現後來居上，趕上並超越美國在製造業中的地位。

進入 21 世紀，日本依然將製造業放在國家策略的首要位置，並清楚體認到想要在網路領域有一番作為，就必須先發展製造業，大力發展資訊技術的同時，確保製造技術的同步發展。日本的科學研究機構就曾發表相關報告指出，製造業關乎日本

經濟的成敗，沒有製造業的話，其他產業也將不復存在。因此，日本政府認為，即使不經歷工業4.0時代，製造業也必須進行加強，並促進製造業積極發展。

近年來，無論是日本政府或企業都加強對高階技術的投入，企圖與歐美爭逐高階技術的制高點。從日本政府對產業的整體布局來看，日本正企圖在工業4.0變革中搶占更多先機。

中國也在積極布局工業4.0，但卻有些急功近利，這樣遲早會出問題，因此必須保證在工業4.0的布局中做到穩中求進。只有打好基礎才能站得穩，中國若想要在工業4.0變革中獲得更多利益，就必須腳踏實地，穩紮穩打。

近來，工業4.0概念引起各國政府和眾多企業的關注。隨著這個概念的熱傳，好像必須立刻找到進入工業4.0時代的入口。其實，這是製造業發展的一個階段，不是輕而易舉、一蹴可幾的。因此，必須多觀察、認清工業4.0的本質，做到穩中求進，腳踏實地，否則只會是一場空。

任何事物的發展都需要一個過程，也就是從認識到實踐，然後總結經驗和教訓，從而做出突破，而且這個過程具備一定的規律性。所以，針對工業4.0必須保持良好的心態，不急不躁，遵循新常態的規律。

在這種規律的引導下，要按照規律進行各方面的生產和製造，做到穩中求進。這並不是不求進，讓自己處於平庸狀態。穩中求進的「穩」就是站穩腳跟，奠定堅實基礎，力求實現既定目標，從而促進製造業的快速發展。

目前中國的紡織工業已經率先做出突破，進入智慧化時代。這是既看得見也摸得著的重大變革，並且可以直接實現經濟效益。

為了智慧化而智慧化，
只會讓製造業的根基更加不穩

就目前中國製造業的情況來看，製造業在很久以前就已經在先進製造技術的研究和使用上做出變革。很多企業雖然已選擇使用先進製造技術最佳化生產流程，但是從智慧化的廣度和深度來說，大多數企業依然處於半機械半手工的狀態。很多企業往往因市場壓力，為了智慧化而智慧化，並不是將智慧化轉變成管理理念，從根本上解決問題。因此，經常會出現常「治病治一半」，「病情」反覆發作的情況，最後往往是「病」愈「治」愈嚴重。因此，中國製造業必須從本質上做出改變，切忌盲目跟風，必須實事求是，一切從實際出發，穩紮穩打，才能做出成績。

還必須強調的一點是，在將目標變為現實的過程中，必須體現出「人」與「物」的價值。任何生產程序，包括資訊的擷取與整合，再到下達操作指令，都必須透過「人」來實現，而對機器下達指令的設備和儀器也都是依靠「人」來完成。說到底，占據第一位的還是「人」。而「物」也一樣重要，這裡的「物」指的是實踐對象，只有透過「物」才能完成實踐，得到結果。這也是「有的放矢」的「的」，唯有如此才能逐步提升製造業的技術水準。

製造業的前景十分廣闊，除了穩紮穩打，還必須做到循序漸進地進行工業4.0變革，只有保持「穩中求進」的發展態度，才能在工業4.0的變革中取得重大突破和飛躍發展。

在工業4.0時代，中國製造業開始向高階技術領域轉型升級。2015年，製造業整個產業鏈上的任何環節都有發展機會，

而重點就在於企業本身掌握的智慧化製造技術。

中國自從改革開放以來，之所以可以一直保持較高 GDP，是因為製造業方面的帶動，而製造業的快速發展在於中國的人口，但目前這方面的優勢已經消耗殆盡，勞動成本逐漸升高，沿海已開發城市逐漸出現人力荒，中國製造業向高階製造技術轉型升級已經迫在眉睫。

在製造業生產流程中，智慧型機器人可以代替工人完成諸多危險的工作。雖然中國也可以研發機器人，但是高階的機器人製造技術依然掌握在外國人手中。如今全球基本上已經實現互聯互通，所以也能輕易從國外收購先進的製造技術。國外的製造技術收購價格遠遠低於中國，因為中國擁有機器人概念的公司大部分市值都非常高。

在向高階製造業升級的過程中，中國製造業最大的優勢就是擁有全球規模最大、最完整的工業產業鏈，從產品設計、生產加工到銷售等環節都具備成熟的供應能力。同時，製造業升級的過程中，還需要大量高水準的工程師來操作智慧型機器人，而且只有中國能提供這麼多的高階人才，這讓中國在製造業轉型升級的過程中占盡優勢。因此，中國製造業布局工業 4.0一定要穩中求進，按部就班，唯有如此才能擁有亮眼表現。

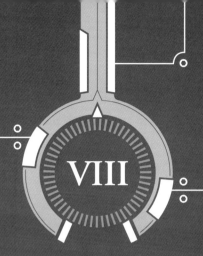

VIII

工業
4.0
在中國：

從 3.0 向 4.0 的
跨越

　　工業4.0變革如火如荼，製造業將面臨什麼樣的挑戰？應該如何在這次變革的浪潮中殺出重圍？其實，目前還有很多產業在工業3.0中徘徊，距離工業4.0還有很長的路要走，但也不是所有產業要走的路都很遠。例如，菸草業，這個產業已經擁有很多「智慧工廠」，完全實行自動化生產，實現「無人工廠」。同樣地，落後到必須全程透過人力進行生產的企業也存在，並且占據了極大的比例。

　　我們正在積極謀求更快的發展之路，但結果是不可預料的，或許會失敗，但是也可能會成功。因為有很多企業（如某些菸草公司、電子產品製造商、汽車製造企業等）從工業3.0到工業4.0的過渡，或許並沒有那麼困難。但是，對於大部分仍處於半機械半人工的工廠來說，在工業4.0時代裡卻無疑落後很多。

　　中國地域遼闊，各個區域之間的工業發展狀況各不相同。中國的國情也十分複雜，因此不可以用簡單的方法進行區分。中國有最原始到最先進的製造工業，這種落後與先進的並存是中國工業的一大特色，是否能從工業3.0跨越到工業4.0，必須檢視整體布局。高階的工業化技術不可能實現國與國的共用，因此如果想要在工業4.0時代中贏得持續發展的可能，就必須一步一腳印地走下去，透過國家策略，積極發揮優勢。

41 中國全新的工業藍圖

　　在工業 4.0 時代，製造業在各國綜合國力的競爭中變得愈來愈重要，占據製造業全球領先地位的企業，必定可以在市場上遙遙領先。製造企業紛紛謀求轉身之道，就需要網宇實體系統提供驅動力。

　　在這個資訊化、智慧化、自動化高度開發的時代，透過充分利用網宇實體系統，實現製造業逐步向自動化和智慧化轉型。

　　工業 4.0 為中國經濟展現一幅全新的工業藍圖。透過這種先進的製造方式，並利用網路、物聯網及各種應用軟體，進行工業系統與現實生產的互相融合。

　　這種解釋可能不足以讓人們認清工業 4.0 的根本含義，不清楚它會為我們的生活和環境帶來什麼樣的影響，以及影響的程度如何。還有數位化製造技術、智慧化製造技術和自動化製造技術在工業 4.0 時代扮演著什麼樣的角色？透過了解中國官方版本的工業 4.0 策略，我們可以清晰、全面、深刻地了解工業 4.0 策略對中國製造業帶來的改變。

　　我們可以想像一下：在一間智慧工廠中，機器人可以自行組

裝設備裡的各種零件，並且十分靈活地變換工作任務，最重要的一點是它們還可以互相溝通。如果上一個機器人加快生產速度，就會提醒下一個機器人要做好加快速度的準備，而當引擎投入使用時，其中裝載的感測器還可以蒐集引擎的各種工作數據。這些數據經過系統分析，就可以十分快捷且精準地分析出引擎的情況，甚至可以預測出有哪些部位故障，及時進行預防性保養，從而延長引擎的使用壽命。

全球製造業中的龍頭企業奇異在這方面的表現特別突出。2012 年，奇異針對公司在製造業中的宏偉藍圖進行細緻規劃，企圖透過「工業網際網路」的形式，在第四次工業革命中進行轉型升級，並挹注 1,000 億美元的資金進行「製造業回流」計畫，而其採取次數最多的分析方式就是「數據分析」。奇異用事實向大家證明，網路與大數據分析相互結合，必定可以將實體資源優勢轉化為數據資源優勢。奇異預期透過「工業網際網路」可以有效提升生產效率、降低成本，而這也將會對整個製造業帶來巨大影響。

全球製造業的另一家龍頭企業西門子，在工業 4.0 時代也領先其他企業一步，全方位展開自己的布局。西門子展示的庫卡機器人，在裝配組合方面擁有其他機器人難以比擬的優勢，而且還彼此「心有靈犀」，可以進行互相交流。它們可以在很短的時間內由一項任務跳到另一項任務，實現「機器對話」的跨越性發展，這無疑為自動化生產帶來更多的可能，讓它更靈活，而這也是未來製造技術在應用創新上十分重要的展現。

工業 4.0 還展現一個這樣的前景：在一個「智慧、自動、虛擬與現實結合的世界」裡，服務網路技術必然可以得到有效利用，而以前用來按部就班依循的新價值創造過程一定會出現不可遏止

的改變，產業鏈分工必須進行重組，而傳統產業也會逐漸消失在我們的世界裡，還會產生其他新領域與新合作形式。

中國網路資深專家羅百輝認為，在工業 4.0 時代，虛擬世界必然會與現實世界融合在一起。透過計算和自主控制，最終實現人、機器及資訊之間完全的互相連結，最終融為一體。

製造業困境中的一道曙光

值得注意的是，工業 4.0 會在商業模式和合作模式上進行新的變革。「網路化製造」、「智慧化製造」及「自動化製造」等特徵，讓工業 4.0 在最初就滿足動態的商業網路，但是這樣卻會引發諸多問題（如可靠性、責任與技術安全等）。

實際上，中國製造業發展和轉型面臨著很多的問題（如先進國家與開發中國家共同帶來的競爭壓力；勞動成本迅速上升；國內經濟成長速度減緩；資源環境方面的限制愈來愈多；技術方面的自主創新能力低落、能源利用率不高，產業結構十分雜亂等）。

想要解決這些問題，就必須在工業 4.0 時代把握一切能抓住的機會，這樣才能在日趨激烈的矛盾中找到「安身立命」的所在。

我們可以掌握製造業智慧化、資訊化產業變革的大趨勢，並且抓緊策略規劃的制定工作，重視在國際製造業中的地位建設，還必須高度重視標準化在資訊化與工業化深度融合過程中所發揮的重要作用。

2014 年 3 月，中國國家主席習近平訪問德國，與德國領導人的談話中屢次提及德國工業 4.0 策略。在工業 4.0 時代，中、

德合作必然會出現更多契合點，增添更多動力，而中、德關係必定會在現有基礎上，進入深度連結的新階段。同時，這也是中國在製造業發展過程中邁出的關鍵一步。

在工業 4.0 時代，製造企業首先考慮的就是生產效率的提升問題。在具體生產流程方面，企業可以透過網路資訊技術、智慧化製造技術對生產流程進行改進，並使生產設備、機器人及材料運輸系統形成互通互聯的網路，進而實現智慧生產與整個價值鏈網路的有效連結，完成整個價值鏈網路的端對端工程，提高生產智慧化及生產效率。

然後，透過智慧工廠在網路價值鏈中形成的橫向連結，就可以在產品設計、生產流程、行銷運作、售後服務等方面的過程中，透過網路監控，根據即時數據傳輸，即時進行生產流程上的調整，而不用再按照以前設定好的生產流程，一成不變地進行既定的生產任務。

透過智慧工廠製造系統在業務流程上實現的即時連結，讓產品與生產設備之間進行即時交流，無疑可以讓決策得到最大限度的最佳化。總而言之，工業 4.0 讓逐漸複雜的生產流程變得便於控制，也將以前不能有效進行記錄的生產過程變得便於追蹤，而且它還可以在環境、需求的變動中實現即時調整，從而最大限度地滿足客戶的個性化需求，並且讓智慧工廠持續獲利。

工業 4.0 產生的各種營運模式和生產模式，完全能夠滿足客戶的個性化需求。所有由智慧工廠生產的產品只有一個 IP 位址，透過這個位址，就可以直接連到網路，進行即時追蹤，從而讓購買者了解到產品的歷史與當前狀態。

而從顧客消費之後產生的需求來看，消費者的購買需求可以透過產品直接傳遞到網路上，然後製造商可以透過大數據技

術進行需求分析，這樣就可以成功預測客戶需求，甚至根據對方的需求來生產產品。過去傳統的生產，包括資訊化變革之後的生產，依然是大量的生產，現在透過智慧化製造技術，可以靈活地按照客戶需求調整產量，以極低的成本製造出客戶需求的產品。

實現工業 4.0 不可能一蹴而就，必將是一個長期且循序漸進的過程。因此，在這個過程中，必須認清自己的方向，對價值網路實施全面的橫向整合，強化資訊技術與製造工業的結合，最終實現虛擬世界與現實世界的深層融合，在工業 4.0 時代贏得先機。

42 突破軟硬體的不足，
啟動開拓式創新

在工業 4.0 時代，各國紛紛進行工業變革，尋求當前製造業的出路。當然，中國也不例外。中國完全可以學習與借鑑工業 4.0 策略模式，這對中國製造業當前所面臨的困境有很大幫助，還有助於中國工業進行轉型升級，從而促使中國在工業 4.0 的變革中贏得先機。

但是，工業 4.0 策略畢竟是德國政府為自己制定的，因此中國在使用時，就必須結合自身的實際情況，在工業 4.0 的基礎上，發現新的潛在優勢，突破軟硬體的不足，啟動開拓式創新，這對中國製造業是否可以成功轉型升級而言是非常重要的。

中國人口方面的優勢逐漸消失，這個結論雖得到人們的普遍認可，但是對工業 4.0 來說只是其中一項劣勢。根據實際的情況來說，中國在工業 4.0 變革中還存在著幾個潛在的競爭優勢：

第一，中高階人力資源優勢。

洛斯福認為：「未來智慧化工廠不可能沒有任何人操作。」因此就需要更多知識型員工，唯有如此才能為智慧化製造提供

永續支持，而中國在這方面有很大優勢。

據統計，截至 2012 年為止，中國科技型人才總數已經超過 3,800 萬以上，從事科學研究的人才也超過 100 萬（前者居世界首位，後者排名第二）。此外，中國每年還有 700 萬名大學畢業生。

美國一家數據研究機構就對此做出確切分析，得出這樣的結果：中國工程師年薪在 3 萬美元左右，而美國工程師年薪在 30 萬美元左右，前者只有後者的十分之一。中國在人口方面失去的優勢僅僅體現在低階人力資源方面，而中高階的人力資源還會得到進一步釋放。

第二，完整齊全的工業體系。

《紐約時報》曾對中國的工業體系做過詳細調查，結果顯示，中國具備十分完整的工業供應鏈。例如，聯合國（United Nations, UN）曾對各個產業做過詳細分類，而工業就被分成 765 個類別。值得一提的是，中國是全球唯一一個囊括所有工業類別的國家。中國的工業體系分類齊全，而且獨立完整，這種完整的產業鏈可以保證中國在世界製造業市場裡的地位無可替代。

第三，全球最大的需求市場。

在很多企業營運者看來，中國在世界上扮演的角色一直都是「世界工廠」，同時還是世界最大的消費市場。中國都市化的速度愈來愈快，人民收入也在平穩增加，因此人們的消費水準也在逐漸提升，這將進一步擴大市場需求，為製造業的轉型升級提供市場支持。未來中國扮演的雙重角色必然會使消費市

場與製造業形成有效互動，透過相互交流促進市場和工業的同步發展，也能在世界經濟出現波動時進行有效抵禦。

第四，大量生產的組織能力。

中國社會科學院工業經濟研究所的部分工作人員對中國的生產組織能力進行研究和分析，認為中國具備大量生產的組織能力，而這種能力讓中國製造業在競爭中占據很大的主動地位。中國政府對工業 4.0 時代製造業的發展方向與發展路徑都已進行詳細的謀劃和設計，同時地方政府也陸續施力，對推動中國工業生產向「智慧化」轉型升級做出極大努力。

中國電子信息產業發展研究院院長羅文認為，德國工業 4.0 策略與中國推動的「兩化融合」策略存在很多相似的地方，和中國制定的「製造強國」策略大同小異。正是因為近年來兩化融合的不斷推動，才促使中國資訊基礎設施建設得到迅速發展，並且為中國借鑑工業 4.0 達成製造業生產流程中的資訊化、智慧化、自動化等提供十分便利的條件。

隨著世界製造業技術的不斷進步，中國的科技創新能力也在不斷增強，這無疑為製造業轉型升級提供可靠的技術保障。中國自主創新能力在一些指標方面已經達到國際先進水準，不僅體現在某些讓人振奮的數字上，更體現在製造業生產方面帶來的實際進步上。其中最好的證明就是，中國在電子通訊、網路資訊技術、電子商務平台、航太、高鐵等領域研製出很多具備世界一流水準的產品，並且擁有具備巨大發展潛力、在全球擁有廣泛影響力的品牌企業，而且最主要的是出現一批具備全球性策略視野的劃時代企業家。

正如很多專業學者所言，中國已經步入科技創新的高速發展時期，經歷技術模仿的階段，開始透過自主創新為以後的發展鋪路，同時邁入向製造業高階策略逐步發展的階段。創新能力的不斷進步，必然會為中國在全球製造業的激烈競爭裡提供有利條件，並且為推動類似工業4.0的轉型升級計畫提供強而有力的保障。

中國的製造系統已經比較完善，體系和分類也比較健全，既有簡單的初級加工，也有先進的智慧生產，還有各式各樣的初級成品與眾多高科技產品，而在人力資源方面，擁有從低階到高階的各類技術工人，這些條件都在中國製造業的轉型升級裡發揮至關重要的作用。

分區且逐步的產業升級，擺脫他國制衡

中國製造業的現狀與德國有很多的不同。德國製造業主要都是中小企業，並且發展水準都很高；而中國由於地域遼闊，各地區製造業的發展水準存在顯著的差距，因此在借鑑工業4.0的基礎上，必須採取分區域漸進式轉型升級的方法，才能確保中國的產業升級之路走得更順暢。

儘管中國製造業有了極大的發展，並且進步明顯，但是有很多專業人士卻認為，中國部分核心製造技術根本就沒有出現擁有自主智慧財產權的技術創新，使得部分核心零組件依然受到他國的制衡。例如，晶片對任何國家而言都占有舉足輕重的地位，可以說是國家工業的「糧食」，對「製造大國」的中國來說更是意義非凡。近年來，雖然中國在晶片生產技術方面取得突破性進展，但是中國工業需要的大部分晶片仍然要靠進口。

做為實現工業4.0不可或缺的重要部分，中國製造企業對

機器人的需求愈來愈大。但是，由於技術基礎薄弱，導致機器人的很多零件不得不從國外進口。

如果中國在製造業中的一些核心技術方面無法取得有效突破，就沒辦法獨立自主地完成製造業的轉型和升級，這就會增加中國工業轉型升級的成本，並且讓國家工業處於被動地位，還要承擔嚴重的策略危機。

中國國務院發展研究中心透過調查得出結論，中國製造業的轉型升級必須突破這些「不足」，還必須對這些突破做出嚴密保護。如果研究成果得不到保護，必定會讓很多企業失去繼續創新的動力，破壞所累積的創新，從而阻礙中國製造業轉型升級策略的順利實施，無法在激烈的國際競爭中占據一席之地。

研究工業轉型升級的權威專家認為，中國對智慧財產權的保護意識形成時間太短，沒有相應的發展，因此缺乏完善的保護機制。為此，中國已頒布關於智慧財產權的法律條文，將保護智慧財產權提升到國家策略的等級。

透過對智慧財產權的有效保護，中國在製造業轉型和升級過程中，就可以更具針對性地制定一些策略計畫。透過策略實施，保障中國在世界製造業激烈競爭中的「製造大國」地位不受到動搖，並且逐步提升到「製造強國」的地位。

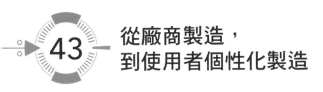

43 從廠商製造，到使用者個性化製造

在過去，世界工業先後經歷蒸汽時代、電氣時代及資訊時代，而現在第四個時代已經來到。

所謂的第四個時代就是工業 4.0 時代。德國人認為工業 4.0 時代將實現以「智慧製造」為主的生產模式，透過資訊化製造技術和自動化製造技術，來實現產品的訂製與滿足客戶的個性化需求，讓任何客戶都可以擁有自己「獨一無二的產品」。

中國的長虹集團在滿足客戶的個性化需求上做得十分到位。長虹為客戶提供透過「家庭網路」進行連結的智慧家電──啟客電視。這款創新程度頗高的智慧產品一經推出，立刻吸引大量顧客前來購買，同時也引起整個電子產業界的矚目。

啟客電視主要是透過「四看」（帶走看、分類看、隨時看、多屏看）功能，成功解決很多客戶在看電視過程中遇到的一系列麻煩事，讓使用者徹底告別遙控器，從而使人們對電視原有的認識產生很大改變。在啟客電視系列產品中，105Q1C 便是一款滿足使用者個性化需求的智慧產品。

「長虹還推出一系列滿足客戶個性化需求的專案，並且命名

為個性化訂製服務。這種服務就是針對希望可以為自己量身訂作個性化電視的客戶所準備的,享有個性化訂製服務的使用者可以在購買電視機時,得到設計師的全程協助,在確定訂製電視的各方面細節之後,就可以啟動製造流程,而客戶也可以針對整個製造過程進行即時追蹤,直到電視送到客戶家中。」這是長虹在長虹官方商城的智慧電視選擇頁面中,對使用者個性化需求的訂製產品所做的介紹。

其實,在很多年前,長虹便致力在網路資訊技術方面的建設。經過多年的努力,長虹終於建立自己的「智慧化系統管理平台」。在長虹的「智慧平台」上,網路、智慧製造、智慧輸出、自動化製造及智慧研發等眾多環節全部被打通,並且支撐長虹集團在製造過程中實現「製造」到「智造」的轉變。

長虹集團透過智慧製造技術,成功完成使用者的個性化需求。在「智慧化系統管理平台」下,產品設計與使用者的個性化意見,都會直接體現在各個生產環節之中,智慧製造廠便可以透過這些數據進行即時調整,而整個生產線運作的即時數據都會直接反映在網路上,讓設計師和客戶可直接看到,只需少數幾名工作人員便可以保證整個生產線運作正常。由於長虹具備這個條件,所以能讓「個性化訂製」得以實現。

長虹工程技術中心的主管潘曉勇表示,隨著工業 4.0 變革的不斷深入,長虹必然會重新建構自己的生產體系,主要將以滿足使用者個性化需求為目標,重構整個生產體系。

「此後,長虹便會向所有使用者全面推出電子產品的『私人訂製』。無論是個人或單位,都可以對長虹提出自己的個性化需求。只要使用者提出需求之後,長虹的『智慧平台』便會立即產生參數,設備就會自動展開研發、設計、生產和物流配

送等一系列工作。『私人訂製』不僅是在電視的外觀設計上滿足使用者的特殊需求，在產品的功能、介面、操控方式及內容播放方式等方面，都可以由使用者說了算，在真正意義上做到滿足使用者『個性化需求』。」潘曉勇如此說道。

隨著長虹個性化服務水準的提升，長虹在「客製化」方面的業務必然會全面展開，屆時長虹啟客電視之類的智慧家電一定會改寫從前「廠商製造」的歷史，顛覆使用者以往的認知，使家電製造徹底過渡到個性化製造時代。

連電視也能客製化的智造奇蹟

在工業 4.0 時代的大背景下，長虹這種精神無疑贏得人們的支持和尊重。隨著個性化訂製業務的開啟，中國在工業 4.0 時代必將製造出更多讓使用者滿意的產品，並創造出更多被這一代見證的奇蹟。如果想要實現個性化訂製生產，改變整個生產體系，也必須在管理上做出相應的改變。

很多人都認識到，隨著資訊化製造技術與智慧化製造技術的快速變革，以及國際市場競爭的不斷加劇，製造業、電子業、房地產業、服務業等，都需要找到一款資訊化管理軟體，幫助本身實現「廠商製造」到「個性化製造」的轉變。各家企業都企圖透過這種方式提升自己的管理效率，增強在國際市場的競爭力。

其實，中國製造企業從未停止對現代化先進管理模式的挖掘。例如，邯鄲鋼鐵集團基於「市場動態管理，數據實行管理」等方面的經驗創造出的兩級控制與兩級制約模式；海爾集團「以變治變」的管理模式等，都在在證實中國在先進管理模式方面

做出的探索是有效的。

但無論是失敗或成功，很多企業得到的經驗或教訓都讓我們了解到，企業，尤其是製造業在選擇資訊化管理系統時，都必須重視以下的原則：

第一，功能超前，應用簡單。

第二，擁有產業管理方面的全部特性與普遍應用性。

第三，可支持企業不斷發展且千變萬化的需求。

第四，可以滿足製造業在分散和精實製造方面的需求。

第五，滿足使用者的「私人訂製」。

第六，個性化功能訂製是實現製造業持續發展的不變動力。

隨著製造過程中各類成本的逐漸增加，中國製造業在成本控制方面的優勢已經消失。因此，很多中國企業紛紛遷移到生產成本較低的國家，但是中國企業在生產技術方面還是存在一定的競爭力，只是隨著網路資訊技術的快速發展，人們的生活方式正在產生翻天覆地的變化。同樣地，製造業也會出現顛覆性的變化，整個製造業都面臨被挑戰的危險，而個性化訂製則是解決這一危機最好的方法。隨著製造技術的不斷發展和進步，以後任何事物都可以實現「私人訂製」。其實，今後製造業的生產模式必然會向個性化訂製生產模式逐步轉變，像瀘州老窖、國窖1573等，製造業將會以滿足使用者的個性化需求為終極目標進行生產。

由於網路資訊技術的不斷發展，中國製造業必須對自己的生產方式進行顛覆性變革，致力「從廠商製造到使用者個性化製造的轉變」，因為如果不在生產模式上加以改變，在今後市場上將

會沒有任何生存空間。特別是今後產品和使用者之間的連結程度愈來愈高，零售業目前所使用的管道必定會改變，面臨其他管道的競爭，因此可行方法就是生產廠商直接與使用者進行面對面地交流。這樣既方便使用者，也方便生產廠商的生產。

現在很多製造商已經往這個方面轉變，製作可以滿足使用者需求訂製的產品（如汽車、遊艇、房屋等）。根據使用者需求進行製造，是一種標準化製造方式，這種方式既可以節省製造成本，又可以減少製造時間，為製造商和使用者帶來更多方便。

因此，中國製造業在進行轉型升級時，必須重視使用者的個性化需求，以滿足使用者的私人訂製為目標，進行各方面的研發與設計。致力提升自身的智慧製造技術、自動化製造技術、網路資訊技術等方面的高科技手段，這樣才能解決中國製造業普遍面臨的問題，成功實現從廠商製造到使用者個性化製造的進步。

44 注重具備獨創性的智慧財產權，拒絕山寨工業

　　獨創性的智慧財產權，主要是指擁有人身自由的公民或某些組織在科學技術、文學方面進行獨立自主的創作，並且取得一定成果，便可以根據國家的法律，享有獨有的權利。智慧財產權制度就是對人們的智力勞動成果進行專門的保護，這表示國家對科技創新和發明的鼓勵與重視。智慧財產權的發展和創新可以促進產業發展、保持國家競爭力，這與國家的政策精神是一致的。

　　智慧財產權擁有以下幾項特徵：

第一，無形性。
　　智慧財產權其實就是知識型態的產品，屬於非物質財富，也就是人們常說的無形財產。所以，智慧財產權同屬於無形財產權。

第二，法定性。
　　智慧財產權需要經過相關法律的確認才能產生效用。智力

成果本身並不存在智慧財產權問題。智慧財產權必須透過相關程序，獲得相關部門的批准，才能實現。

第三，專有性。

智慧財產權具備專有性的特點，也就是人們常說的壟斷性，指智慧財產權只屬於創造者所有，沒有特別強調或所有人的同意，任何人都沒有使用的權利。

第四，地域性。

智慧財產權在地域劃分上也十分嚴格，也就是在哪一個國家取得的智慧財產權就只能在哪一個國家使用，其他國家並不認可。如果智慧財產權的所有人希望自己的成果能得到其他國家的法律保護，就必須在其他國家重新申請。

第五，時間性。

智慧財產權存在時間性的特點，也就是智慧財產權在一定時間內享受法律保護，在法律規定時間內，只有創造者可以使用該智慧財產權。但是，在法律規定時間到期後，該智慧財產權便會成為公共財產，任何人都可以拿來複製與使用。

實際上，保護智慧財產權在國民經濟的開發中占據重要地位。因為國家如果想要取得持續性發展，就必須尊重知識、鼓勵更多的人創新，唯有如此才能最大限度地保護生產力。中國前總理溫家寶曾經提出：「世界未來的競爭，就是智慧財產權的競爭。」

在智慧財產權的保護上，各個國家都有各自的規範，但卻都大同小異：

第一，致力提高國民自主創新與智慧財產權方面的意識。

全面認識智慧財產權所隱含的意義，明白它的重要性，將加強智慧財產權的保護和管理工作放在首要地位。積極展開智慧財產權的宣傳和培訓，透過這種方式擴大智慧財產權的影響力。持續加強智慧財產權工作人員培訓工作，打造一批高水準、可以熟練處理智慧財產權問題的專業人才。

第二，加強對自主創新智慧財產權的重視與保護。

將自主創新與智慧財產權問題放在國家策略層級的位置，提升人們對智慧財產權的運用能力，讓「中國製造」逐漸轉向「中國創造」。結合當下社會的具體情況，合理安排智慧財產權的保護方式，讓研究的科技成果可以在最短時間內變成擁有專利的智慧財產權。

第三，改善智慧財產權方面的管理，並積極提升自身運用智慧財產權的能力。

對智慧財產權的管理進行嚴格把關，逐漸增加對智慧財產權的投入。讓智慧財產權的管理制度得以完善，並且把這方面的管理放在企業經營的首要位置。積極鼓勵自主創新，展開對智慧財產權的全面支持計畫，讓更多的企業可以進行自主創新，研究出自己專屬的智慧財產權。

第四，加快智慧財產權資訊平台建置的速度，讓企業和產

業掌握更多智慧財產權資訊的運用方法。

透過智慧財產權資訊平台系統，就可以了解智慧財產權在研究和開發過程中存在的問題，並且及時對這些問題進行處理。世上大量的資訊都記錄在很多專利文獻中，因此在對智慧財產權的研究過程中，必須妥善利用所有的專利文獻，這樣才更能解決問題。

第五，積極推動智慧財產權在企業的計畫制定和策略研究方面的運用。

實際上，智慧財產權在任何區域的經濟發展中，都是十分重要的部分。透過本身優勢，選擇對整個經濟價值鏈都存在重大影響的企業和產業，實施智慧財產權策略，讓某些企業或產業掌握更多的智慧財產權。

如今工業 4.0 來襲，各個國家愈來愈注重具備獨創性的智慧財產權，並且開始拒絕山寨工業。但是，「山寨現象」依然屢禁不止，而人們對「山寨現象」也存在許多爭議。在此可以透過對智慧財產權方面的「山寨現象」進行具體分析，徹底解開「山寨文化」方面隱含的是是非非，對「山寨現象」中與自主創新相關的智慧財產權所存在的某些相關之處進行詳細探討。

大多數人認為，在尊重他人智慧財產權的前提下，可以對他人的作品進行一定範圍內的借鑑和模仿。但是，透過剽竊他人的智慧財產權而獲取巨額利潤的行為是法律不能容忍的。因此，不能在未經過智慧財產權所有人允許的前提下，對他人的產品進行模仿和借鑑。

在工業 4.0 時代的背景下，「創新」是具備核心意義的詞

彙。任何智慧技術的發明和創造，都是在原有的技術基礎上進行的創新，或是一種前所未有的創造，這需要創造者付出自己的智慧，還要積極對創新的領域付出一定的代價及心力。因此缺少智慧財產權保護的創新，很可能讓人失去繼續的動力。失去創新，整個人類社會便會面臨毀滅性的打擊。但是，在對自主創新中智慧財產權的保護方面，中國還沒有相應的法律制度，或是這方面的法律制度還不夠完善。

不夠完善的智慧財產權規範，只會使山寨繼續橫行

據某律師事務所透露，目前中國在智慧財產權的保護方面還存在許多問題，相關法律《中華人民共和國專利法》中也有很多問題需要解決。在這種情況下，智慧財產權就不能得到很好的保護。

因此，專利保護法的完善工作勢在必行。首先，國家可以考慮放寬專利行政保護主體的範圍。根據《中華人民共和國專利法》做出的相關規定，國家智慧財產權局在很多智慧財產權糾紛中都沒有行政執法權。簡而言之，如果國家發生某些重大的智慧財產權糾紛，而這些糾紛正好是國家智慧財產權局無能為力的那一部分，就只能「乾瞪眼」了。這對智慧財產權的保護來說是十分不利的，同時也有礙於中國智慧財產權行政執法體制方面的完善。

此外，智慧財產權管理部門在設置上也存在諸多問題。基層智慧財產權部門過少，基本上並沒有行政保護的主體設置，造成中國在智慧財產權保護方面難以形成有系統、有效的法律保障體系，這對智慧財產權保護法的後續發展十分不利。

　　隨著社會的發展，智慧財產權侵權案件發生得愈來愈多，並且愈來愈複雜，很多都是跨部門或跨地區出現的。中國目前在這方面基本上沒有什麼好的管理方法，部門設置也不合理，對智慧財產權的行政保護力道自然也就不足，同時也有很多地區還存在地方保護意識，無疑為智慧財產權的跨地區工作增添諸多困難。侵權案件不時發生，讓廣大專利持有者的利益也受到莫大損害。

　　在工業 4.0 時代，智慧製造技術、網路資訊技術、自動化生產技術已經展開全面變革和突破，人們的生活必然會因為這場變革而出現翻天覆地的變化。自主創新的智慧財產權也會愈來愈多，需要專利保護的事情也會愈來愈多，因此智慧財產權保護制度必須跟上自主創新的腳步。只有做到這一點，才能看到工業智慧化為生活帶來的美好變化。

　　隨著智慧財產權的快速更新，製造業開始快速轉型升級，但是山寨工業也緊追不捨。目前，對「山寨」的含義存在諸多理解，基本就是模仿、複製、冒牌、微創新、剽竊等，並且一直處於變化之中，而「山寨」含義的複雜性也讓「山寨現象」的評價出現諸多爭議。

　　「山寨」這個詞彙的意思，最貼近「模仿」。以「山寨手機」為例，如今在中國市場上暢銷的多款「山寨手機」，基本上都是仿製國內外某些知名品牌，無論是手機外觀或功能上都是全盤照搬。所以乍看之下，仿製手機與原版手機一模一樣。例如，中國有很多的機型都是模仿蘋果，「山寨手機」的外形與蘋果手機是一致的，就連操作介面也是別無二致，甚至就連一些特殊功能也不例外。但是細看就會發現，手機標誌不是 iPhone，而是 Liphone、Ciphone 或 Qiphone 等。

　　雖然模仿在智慧財產權法律條例中並非全部被否定，但是有很多「山寨產品」已經構成專利侵權。因為很多「山寨產品」只是進行一些低階的局部創新，整體上還是以原版機型為主，所以必然會構成侵權事件。這對國家智慧財產權保護法的制定來說是十分不利的，因此我們必須足夠重視具備自主創新能力的專利，拒絕山寨工業。

45 「世界工廠」的在地反思

　　當先進國家「再工業化」如火如荼之際，中國工業面臨著什麼樣的困境，又該透過什麼樣的方式找到自己的出路呢？

　　身為全球產業鏈的一環，想要順利渡過工業 4.0 變革所帶來的危機，中國製造業就必須與其他國家展開互利合作（這其實是國際分工的結果）。身為「製造大國」的中國吸引眾多先進國家投資，並在世界貿易中發揮無可替代的作用，因此中國在製造環節上儼然扮演「世界工廠」的角色。中國在全球市場裡掀起一場又一場的製造風暴，對世界經濟的發展產生重大影響，讓中國成為促進世界經濟成長的主要力量之一。

　　但是，由於中國製造業中的大多數企業依然處於機械化階段，所以並未邁向智慧化。中國製造業的利潤率較低，以高消耗保持經濟的持續成長，但是這種方式不可能一直持續，這就暴露出中國製造業中的許多弊端，而這些弊端必然會阻礙中國製造業的快速發展。因此，必須反思找到克服這些困難的方法。唯有如此才能給中國製造業一個美好的未來，中國製造才會持續發展，由「中國製造」邁向「中國創造」。

中國製造業必須尋找出可行路徑，促進中國工業的轉型和升級。具體來說，可從以下幾個方面著手：

第一，大力發展品牌，透過品牌打開世界市場。

中國製造在改革開放以來發展迅猛，已經成為中國經濟發展的重要倚仗。中國製造不斷發展壯大，在其中扮演主角的是「品牌」。因為中國製造需要品牌，品牌已經成為中國製造業中最重要的特徵之一。如今隨著經濟的發展，人們的薪資水準獲得提升，購買能力也提升，他們已經不滿足於基本的需求消費，而逐漸轉向品牌消費。品牌本身就是廣告，如此一來，就大幅降低企業的廣告投入，轉而致力提升產品和服務品質，提高生產效率，降低產品的生產成本。可以說，只有做到這一點，中國製造才能邁出國門，走向全世界。

第二，大力發展裝備製造業，讓其與中國製造共同發展。

如果一個國家或地區想要成為製造基地，就必須在產品設計上有突出的能力，還要具備製造裝備的能力，不然將會降低自己的競爭力。裝備製造業可以幫助製造業各部門進行簡單再生產，還承擔著帶動相關產業發展的重任。因此，裝備製造業是國民經濟開發中的重要保障，同時還是國家綜合國力提升的動力。所以說，裝備製造業在國民經濟開發中具有舉足輕重的地位。

中國已經成為「世界工廠」，但是產品上往往都標示著「中國製造」，而不是「中國創造」，這就是因為中國在核心技術方面有所欠缺，並沒有足夠的自主創新能力。同時，由於產能過剩，導致裝備製造業發展緩慢，因此讓裝備的製造水準遠遠

落後於先進國家。這已經成為中國製造業的絆腳石，如果想要加快製造業的發展，就必須振興裝備製造業。

第三，中國代工的外國品牌，自己卻享受不了「近水樓台」的待遇。必須打破這種局面。

近年來，眾多外國品牌搶灘中國市場，中國用極低的勞動成本吸引眾多外國品牌加入中國製造業。這些品牌經由中國工廠代工，貼上外國品牌之後就銷往全球各地。

雖然俗話說「近水樓台先得月」，但是這句話卻不適用於中國製造業。眾所周知，自己加工製造的產品必定可以享受到優先購買權與優惠，但是事實卻並非如此。例如，一雙耐吉（Nike）運動鞋在美國售價 30.25 美元（約為 206 元人民幣），出口轉回中國之後，在中國的耐吉運動鞋專賣店至少要賣 628 元人民幣。

同樣的商品，並且是在中國加工製造，但是為什麼在中國的售價要比歐美等地的售價高出這麼多呢？

中國製造商回答了這個問題，他們說：「雖然產品是我們加工製造的，但是我們不享有定價權，而且加工費非常低。同樣地，對於產品在中國和歐美市場上的定價差異，我們更是無能為力。」

「中國製造」處於全球製造業產業鏈的最低階，智慧財產權都是被國外壟斷。雖然中國是「世界工廠」，但是品牌掌握在外商的手裡，定價權也不是中國製造商能決定的事。中國在品牌上並沒有足夠的競爭力，因此只能讓外國品牌獨占鰲頭，壟斷中國市場，所以在中國的產品定價才會遠高於國外。

中國必須打破這種局面，而這就需要政府、企業及消費者共同努力，齊心合力地讓中國製造業快速發展壯大，實現利益最大化，做到「近水樓台先得月」。

　　但是，在現有製造業的分工格局中，產業鏈高階環節全部都被先進國家占據了，中國製造業卻一直集中在產業鏈的中低階環節，這就造成中國目前必須進行的產業轉移承受著巨大的壓力，這種壓力主要來源於低勞動成本的開發中國家。由於中國製造業與先進國家製造業的直接競爭關係還不明朗，因此工業 4.0 中出現的「製造業回流」，雖然對中國存在一定的影響，但是總體的衝擊力道卻不大。

　　不過，先進國家很有可能會透過工業 4.0 再次占領製造業的制高點，這無疑會對中國的產業競爭力帶來更大的挑戰。雖然目前還無法確定誰會在工業 4.0 變革中占據主導位置，但是工業 4.0 與工業 3.0 變革的結合，必定會讓先進國家在各方面的累積獲得進一步強化，並且占據製造業產業鏈的重要環節，主導各方面的生產和供應，最終成為工業 4.0 變革的最大受益者，而這必然會對中國的產業競爭力構成威脅，所謂的威脅主要體現在以下兩個方面：

第一，從收益和品牌影響來看，中國製造業競爭力遠遠落後於先進國家。

　　近三十年來，雖然中國製造業已經在規模上超越大部分先進國家，並在附加價值方面超越美國，躍居為世界第一製造國，但是從整體上來看，中國製造業在產業鏈上並沒有高階部分，全部都是中低階部分，收益和品牌影響力亟須提升。從國內來看，中國五百大企業在收益上所占的比重很小；從國際來看，中國製造業並沒有足夠的超級跨國集團與世界一流品牌，在全球產業鏈中高階部分所占的比重小得可憐。

第二，從研發經費投入來看，中國製造業同樣面臨重大挑戰。

近年來，雖然中國一直在提高研發投入，但是與歐美等先進國家相比仍存在很大的差距。目前全世界研發投入前五十名的企業中，有三分之一為美國企業，2012 年光是在美國本土投入的研發經費，就超越中國在全球投入的研發經費總額。西方先進國家已經占領技術制高點，並在技術指標方面設定「國際標準」，這對中國製造業向產業鏈的高階發展形成眾多不利的影響。

挑戰與機會往往是並存的，它就像是硬幣的兩面，雖然工業 4.0 變革為中國製造業帶來諸多挑戰，但是也為中國製造業帶來可能。

首先，西方國家推行的工業 4.0，展現全新的生產方式和營運模式，同時市場的供給需求也會隨著生產方式、組織模式的轉變而出現變化，這對中國製造業的轉型升級與永續發展提供十分重要的啟示。未來中國製造業必須將轉型升級的重點放在供給結構和需求結構方面，同時保證經濟發展與自然環境的保護同時進行，讓個人和區域之間的利益關係得以完善。最主要的是，要推動製造業生產方式的轉變，確保製造業長期永續發展。

其次，工業 4.0 是先進國家對「去工業化」的深刻反思，並開始將製造業「引渡」回本土。工業 4.0 變革並不是單純的製造業回流，而是在製造業轉型升級的基礎上，加強虛擬與現實生產的融合，實現製造業高階化發展，積極最佳化製造業的產業結構。

中國製造業必須積極應對工業 4.0，工業 4.0 很可能會對發展較慢的國家產生嚴重的抑制作用。但是對中國製造業來說，只要能找到合適的轉型升級路徑，掌握先進的製造技術，絕對有可能成為贏家。

46 從「中國製造」到「中國創造」

在工業 4.0 時代，中國製造業想要持續發展，就必須堅持走轉型升級之路。以智慧化、自動化發展為主題，以加快轉變生產方式為主線，是中國製造業的策略。此外，還要適應國際製造業發展形勢的新變化，加快形成新的生產方式，將推動製造業發展的主要依據轉到提高產品品質和生產效益上，戮力激發市場需求，增強製造業的自主創新能力，打造自己的智慧財產權新體系，更要藉由智慧製造技術、網路資訊技術、自動化生產技術等，推動中國製造業不斷發展壯大。

從某種意義上來說，中國製造業的發展歷史，就是中國改革開放以來全面發展的一個縮影。中國製造業在技術的基礎實力方面十分薄弱，但是經過近三十年的不斷追趕，也具備一定的實力，使很多品牌產品走向世界市場。如今，經濟全球一體化的腳步加快，特別是在工業 4.0 帶來重大變革後，世界製造業產生翻天覆地的變化，中國製造業如何突破「中國製造」，向「中國創造」轉型升級，已成為國家甚至是眾多企業研究的重點。

各類型的中國企業都深刻地體認到：現在面臨的是如何轉型升級的問題。如今的時代與之前存在很大不同，很多條件都發生本質上的變化。製造業一直處於產業鏈中低階的發展方式已經跟不上時代的變遷，在這種情況下必須改變製造業的發展方式。

中國製造業在完成由手工製造到機械製造再到自動化製造的轉變之後，面臨向智慧化製造轉型升級的階段。因此，必須以國際化的策略視野，制定正確的轉型升級策略。不僅要在生產方式、行銷模式方面進行轉型，還要在管理上進行轉型升級。中國製造業的管理可以從五個方面進行轉型：

1. 文化建設轉型，即由「多方文化共同發展」向「以傳統文化為主要內容」轉型。
2. 領導方法轉型，即由「員工操作」向「帶領員工操作」轉型。
3. 管理方法轉型，即由「找出問題」向「解決問題」轉型。
4. 執行方法轉型，即由「行為導向」向「行動導向」轉型。
5. 經營機制轉型，即由「考核制」向「獲利制」轉型。

中國製造業必須以技術革新為導引，以自主創新為核心競爭力，積極打造世界工廠現代化生產基地。中國已經有很多企業的現代化工業園區正式營運，一系列國家級策略發展專案湧入製造業高新產業園區，從而帶動中國製造業產業結構的全面最佳化升級，從而實現「中國製造」向「中國創造」的快速轉型。

但是，工業4.0的變革會對中國製造業帶來諸多不利影響，很有可能會削弱中國低成本優勢，而有利於歐美國家形成新的競爭優勢。先進國家還可以透過智慧製造技術、自動化製造技

術來提高本國製造業的生產效率，透過先進的裝備製造技術來強化製造業產業化能力。同時，其在生產鏈高階環節所具備的領先優勢，可能會得到進一步強化。

開發中國家的低成本優勢不再，低技術劣勢卻浮現

因此，開發中國家在工業 4.0 的發展上，必定會遭受到歐美等先進國家的激烈抑制。如果無法充分利用工業 4.0 變革所帶來的市場機會，那麼「第四次工業革命」必然在世界分工方面產生不利於開發中國家。曾經為尋找低成本而遷移出本國的製造業，很有可能會向本土回流，導致製造業重心逐步向歐美等先進國家偏移。

「第四次工業革命」必定會對中國製造業帶來強烈衝擊，致使中國製造業原有的優勢加速弱化。「第四次工業革命」根本上就是虛擬與現實生產的深刻變化，這種變化使知識和技能需求迅速變大。而與先進製造技術存在緊密連結的知識累積，正是中國不具備的部分，因此中國製造業在這方面將會面臨重大挑戰。

為了全面迎接「第四次工業革命」，中國先前制定關於製造業的政策措施必須做出適當調整：第一，必須喚起科學研究機構和製造企業的積極性，重視製造業先進技術的創新與突破；第二，必須改變現在製造業方面的政策，如「重研發、輕技術」、「重實驗室、輕工廠」等措施，篩選具備先進設備、先進製造技術的企業進行重點建設，將這些企業建設成為集先進製造技術、先進管理理念、先進營運操作理念於一體的「智慧工廠」，建設成為可以持續變革和發展的「現場實驗室」，從

而以點帶面地推動製造技術與管理水準的整體提升；第三，必須加快針對「第四次工業革命」的高效能、高利用率等應用性基礎設施的建設，加強對製造業先進製造技術和應用現代先進管理理念的保障能力。

事實上，如今全球製造業都已經進入產業變革時代。對此，歐美等先進國家已經推出相應政策，支持國家製造業的轉型升級，而開發中國家制定相應措施的速度與先進國家相比卻慢上許多。因此，做為掌握中國絕大多數高階核心科技的大型企業，必須加快轉型升級的速度。瞄準製造業產業鏈的高階環節，透過引進國外先進製造技術消化吸收再創新，增強企業的創新能力，加快對核心技術的研發工作，爭取以最快的速度做出突破，取得重大進展，努力實現「中國製造」向「中國創造」的轉型升級。

中國總書記習近平所說的「三個轉變」對中國製造業的發展具有重要意義：「推動中國製造向中國創造轉變、中國速度向中國品質轉變、中國產品向中國品牌轉變。」中國製造業必須把握「三個轉變」的內涵與應用，並且引領製造業順利完成轉型升級過程。

「三個轉變」全面揭示中國製造業轉型升級的過程，但最主要的還是「中國製造」向「中國創造」的轉變。這個「轉變」處於基礎地位，十分重要。這種轉變的核心就是「創造」，而創造的「創」指的就是創新。習近平曾多次強調創新的重要性：「一個地方、一個企業，要突破發展瓶頸、解決深層矛盾和問題，根本出路在於創新。一個國家綜合實力的核心還是技術創新，不掌握科技創新最靈魂、最根本的東西，就掌握不了國家科技事業發展的命運。」

創新對一家企業來說至關重要，甚至會影響一個國家的命

運。近年來，中國在自主智慧財產權的研究方面投入大量資源，取得很大進步，製造業技術顯著提升，很多尖端技術研究獲得很大成果，並且帶動製造業快速發展。與此同時，企業在最先進的製造技術方面也取得重大突破，海爾、華為等眾多創新型企業快速崛起。但是，中國在自主創新智慧財產權方面的基礎較差，創新能力依然無法與先進國家相提並論。

在工業 4.0 的時代背景下，創新決定著中國製造業的前途命運。因此不得不在自主創新領域更加投入。同時，還要充分認識到創新的作用，敏銳地把握全球自主創新發展趨勢，緊緊抓住並充分利用工業 4.0 變革所帶來的所有機會。

中國必須清楚體認到當務之急，就是讓企業跳脫代工模式，增強自主創新，如此才能在這場變革中不斷增強自己的實力，在變革中謀求發展，逐漸壯大和進步。一般情況下，所謂的自主創新指的是原始創新、整合創新、引進消化吸收再創新，三者統一就構成中國特色的自主創新。

原始創新，指的是不依靠任何幫助，完全依靠自己的能力去完成發明創新。

整合創新，指的是將眾多早已存在的技術進行有效融合的創新活動。

引進消化吸收再創新，指的是透過對國外先進技術的消化吸收，並在它們原有的基礎上做出突破性創新。

中國是「製造大國」，但與歐美等先進國家相比還是有很大的差距，如果想要實現「製造強國」夢，中國就必須好好穩固裝備製造業這方面的基礎。裝備製造業最重要的就是技術創新，而驗證一個國家綜合實力最主要的還是依賴於此。因此，如果想要國家或企業獲得長遠發展，就必須掌握科技創新，因

　　自主創新是一家企業賴以生存的核心競爭力，只有企業擁有自主創新的能力，才能提高品牌在世界市場中的影響力。代工企業嚴重影響企業本身的成長，因此如果想要從「中國製造」向「中國創造」轉型：第一，必須推動企業快速創新；第二，必須加強對代工企業的督促管理，透過「中國創造」這一路徑，改變中國當前比較落後的生產模式，讓國產品牌在全球贏得更廣泛的影響力，成功實現「中國製造」向「中國創造」的轉型升級。

47 工業 4.0 的全生命週期管理

全生命週期管理是一種先進的企業概念,讓企業營運者意識到,在全球化競爭日益加劇的情況下,該用怎麼樣的方式為企業降低各方面的成本。產品生命週期管理就是一款針對產品全生命週期管理的軟體,它可以幫助人們有效增加企業收入和降低企業生產成本。在工業 4.0 時代,這種軟體所帶來的幫助不言而喻。

為什麼工業 4.0 變革中製造技術進行大幅轉型,並且得到眾多國家的重視?答案很簡單,智慧製造技術的推廣已經急於星火,製造技術的智慧化、資訊化及數位化,都將在這次變革中發揮關鍵作用。

網路資訊技術、大數據技術一直遵循摩爾定律(Moore's Law),保持著一定規律成長,但是以前的定律在今天已經不適用了。如今光是智慧手機的運算能力就與以前的大型電腦所擁有的運算能力相等,而且現在設備和機器已經實現初步智慧化,機器與機器之間可以進行簡單的交流。

過去生產過程就是在進行單一的重複活動;而現在新的生

產技術賦予生產過程更多的靈活性。例如，透過大數據技術，可以讓生產過程變得更加精準。

人類進入 21 世紀後，製造業在全球的競爭日益激烈，因此必須實現更靈活的製造和生產。這不僅需要更詳細的生產數據，還要把虛擬世界與現實世界加以融合。所以，想要實現對整個生產過程、配送過程、顧客的使用過程等方面的全面掌控，就必須透過相應的管理軟體來實現，而產品生命週期軟體恰恰可以實現這一點，從產品設計、產品生產，一直到物流配送和服務最終使用者都包含在內。

在生產規劃時，必須做到高度模擬。西門子的產品生命週期管理軟體可以監控整個生產過程，甚至還能對具體的生產設備進行模擬處理，這將提供一種全新的觀點，幫助監測產品的整個生產過程。不管是哪一種設備，只要不合你的心意，就可以對它進行最佳化。如此一來，就不會在製造過程中浪費不必要的時間，完全可以在舊有的基礎上進行改進。

上海柯馬集團（COMAU）專門從事汽車的焊接工作，它透過西門子產品生命週期管理軟體對整個焊接過程進行有效監控。藉此，柯馬可以讓整個生產線變得透明化，同時節省工程時間。另外，柯馬還能透過虛擬世界，即時了解生產線各個環節中的情況。

德國的 Index 公司也透過產品生命週期管理軟體進行生產。現實世界中，一般要耗費很長的時間才能檢查出工具機是否能夠正常使用，但是透過產品生命週期管理軟體，可以節省工具機的測試時間，也可以透過虛擬工具機，進行人員培訓，還可以將工具機運轉和操作的生產率提升 10%。

如果你喜歡玩電腦遊戲，這個軟體可以為你帶來極大的幫

助，因為產品生命週期管理軟體可以幫助遊戲玩家對整個遊戲的操作流程實現 3D 視覺化，讓遊戲玩家在進行任務副本時更輕鬆。將這個軟體運用在工作中也一樣，它可以把整間工廠以 3D 呈現，使人透過這種立體圖像對整間工廠進行有效控制。

同一條生產線產出不同車款，高效且多元的生產管理系統

中國瀋陽鐵西工廠的 BMW 汽車生產線，可以說是全球最先進的汽車生產線之一，整個生產過程都是由機器自動完成。這種生產方式讓 BMW 的多款產品集中在一條生產線上進行製造。例如，可以在一條生產線上生產出一種車系的不同車款。

透過這種系統，可以根據車型、車輛識別碼等，檢測該車需要進行哪一個程序、需要裝配哪種零件等。所有操作都會形成圖像化指示，顯示在終端操作視窗，並且可以指導工人完成所有生產環節，而不再像過去那樣，由工人拿著紙本手冊一頁一頁地查詢。如此一來，設備操作的精準度達到 99% 以上。

以前人們對製造業生產過程中的許多構想，如今都已經變成現實。但是，有些構想到如今仍尚未實現，並不是因為構想太虛幻，而是因為製造技術還無法達到標準。然而，隨著製造技術的快速發展與進步，那些未實現的構想遲早會化為現實。

產品數位化的呈現並不局限在商品本身，而是在產品的使用過程中也能實現數位化呈現。產品生命週期管理系統可以幫助製造企業計算出產品從設計到交付客戶手中耗費的所有成本，根據現有機器運作情況，來制定最合理的製造數量，或是制定最合適的價格，而所有的一切都不需要任何人參與。此時，

產品生命週期管理系統可以幫助你做出正確決策，讓你與供應商之間的交流變得更有效率。將來，我們對機器的依賴程度必然會愈來愈大，因為機器上都植入具備超高運算能力的晶片，透過超級運算做出更正確的決定。其實，這只是實現工業 4.0 規劃要邁出的第一步。

第二步是虛擬與現實生產的結合，這是對數位化企業平台上的產品設計、產品加工、生產流程等方面的整合，包括初始產品規劃等內容。

第三步則是網宇實體系統，必須有效縮短產品的上市時間。例如，你買了一台新印表機，直接安裝好，而後連結到電腦便可以使用，它採取的就是隨插即用的方式。現在我們對工業 4.0 製造業生產過程的設想也是如此，當智慧型機器人進入生產網路　和系統後，整個生產流程就會具備這種能力。以目前的情況而言，尚未實現這一點，只是正在朝著這個方向努力。

在工業 4.0 時代，企業不僅要在製造技術和生產方式上進行變革，也要在管理與組織結構上進行調整。任何企業都要做好變革的準備，並且在產品設計和生產的所有環節上都做好準備。但是，任何企業或國家都不可能憑藉自己的力量改變全球製造業，必須透過相互合作來因應工業 4.0 所帶來的巨變。

新商業周刊叢書　BW0536

工業4.0
從製造業到「智」造業，
下一波產業革命如何顛覆全世界？

作　　　者／韋康博
企劃選書／黃鈺雯、鄭凱達
編輯協力／蘇淑君
責任編輯／黃鈺雯
版　　　權／翁靜如
行銷業務／張倚禎、石一志

總　編　輯／陳美靜
總　經　理／彭之琬
發　行　人／何飛鵬
法律顧問／台英國際商務法律事務所
出　　　版／商周出版　臺北市中山區民生東路二段141號9樓
　　　　　　電話：(02)2500-7008　傳真：(02)2500-7759
　　　　　　E-mail：bwp.service@cite.com.tw
發　　　行／英屬蓋曼群島商家庭傳媒股份有限公司　城邦分公司
　　　　　　台北市104民生東路二段141號2樓
　　　　　　電話：(02)2500-0888　傳真：(02)2500-1938
　　　　　　讀者服務專線：0800-020-299　24小時傳真服務：(02)2517-0999
　　　　　　讀者服務信箱：service@readingclub.com.tw
　　　　　　劃撥帳號：19833503
　　　　　　戶名：英屬蓋曼群島商家庭傳媒股份有限公司城邦分公司
香港發行所／城邦(香港)出版集團有限公司
　　　　　　香港灣仔駱克道193號東超商業中心1樓
　　　　　　電話：(825)2508-6231　傳真：(852)2578-9337
　　　　　　E-mail：hkcite@biznetvigator.com
馬新發行所／城邦(馬新)出版集團
　　　　　　Cite (M) Sdn Bhd
　　　　　　41, Jalan Radin Anum, Bandar Baru Sri Petaling,
　　　　　　57000 Kuala Lumpur, Malaysia.
　　　　　　電話：(603)9057-8822　傳真：(603)9057-6622　email: cite@cite.com.my

封面設計／黃聖文　　內文設計暨排版／無私設計・洪偉傑　　印刷／鴻霖印刷傳媒股份有限公司
經銷商／聯合發行股份有限公司　電話：(02)2917-8022　傳真：(02) 2911-0053
　　　　　地址：新北市231新店區寶橋路235巷6弄6號2樓

ISBN／978-986-272-944-1　　版權所有・翻印必究（Printed in Taiwan）
定價／400元

城邦讀書花園
www.cite.com.tw

2015年（民104）12月初版
2017年（民106）11月初版6.5刷

國家圖書館出版品預行編目(CIP)數據

工業4.0：從製造業到「智」造業，下一波產業革命如何顛覆全世界？／韋康博著.--初版.--臺北市：商周出版：家庭傳媒城邦分公司發行，民104.12
　面；　公分.--（新商業周刊叢書；BW0536）
ISBN 978-986-272-944-1（平裝）

1.工業革命

555.29　　　　　　　　　　104026156

本書簡體字版名為《工业 4.0 时代的盈利模式》，ISBN 978-7-121-26318-7，由電子工業出版社出版，版權屬電子工業出版社所有。本書為電子工業出版社獨家授權城邦文化事業股份有限公司出版該書的中文繁體字版本，僅限於臺灣、香港與澳門地區）出版發行。未經本書原著出版者與本書出版者書面許可，任何單位和個人均不得以任何形式（包括任何數據庫或存取系統）複製、傳播、抄襲或節錄本書全部或部分內容。

廣　告　回　函
北區郵政管理登記證
台　北　廣　字　第　號
郵資已付，免貼郵票

104 台北市民生東路二段 141 號 2 樓

英屬蓋曼群島商家庭傳媒股份有限公司
城邦分公司

請沿虛線對摺，謝謝！

書號：BW0536	書名：工業4.0	編碼：

讀者回函卡

感謝您購買我們出版的書籍！請費心填寫此回函卡，我們將不定期寄上城邦集團最新的出版訊息。

不定期好禮相
立即加入：商
Facebook 粉絲

姓名：＿＿＿＿＿＿＿＿＿＿＿＿＿＿＿＿＿＿ 性別：□男 □女

生日：西元＿＿＿＿＿＿年＿＿＿＿＿月＿＿＿＿＿日

地址：＿＿＿＿＿＿＿＿＿＿＿＿＿＿＿＿＿＿＿＿＿

聯絡電話：＿＿＿＿＿＿＿＿ 傳真：＿＿＿＿＿＿＿＿

E-mail ：

學歷：□ 1. 小學 □ 2. 國中 □ 3. 高中 □ 4. 大學 □ 5. 研究所以上

職業：□ 1. 學生 □ 2. 軍公教 □ 3. 服務 □ 4. 金融 □ 5. 製造 □ 6. 資訊

　　　□ 7. 傳播 □ 8. 自由業 □ 9. 農漁牧 □ 10. 家管 □ 11. 退休

　　　□ 12. 其他＿＿＿＿＿＿＿＿＿＿＿＿＿＿＿＿＿＿

您從何種方式得知本書消息？

　　　□ 1. 書店 □ 2. 網路 □ 3. 報紙 □ 4. 雜誌 □ 5. 廣播 □ 6. 電視

　　　□ 7. 親友推薦 □ 8. 其他＿＿＿＿＿＿＿＿＿＿＿

您通常以何種方式購書？

　　　□ 1. 書店 □ 2. 網路 □ 3. 傳真訂購 □ 4. 郵局劃撥 □ 5. 其他＿＿＿

您喜歡閱讀那些類別的書籍？

　　　□ 1. 財經商業 □ 2. 自然科學 □ 3. 歷史 □ 4. 法律 □ 5. 文學

　　　□ 6. 休閒旅遊 □ 7. 小說 □ 8. 人物傳記 □ 9. 生活、勵志 □ 10. 其他

對我們的建議：＿＿＿＿＿＿＿＿＿＿＿＿＿＿＿＿＿＿

＿＿＿＿＿＿＿＿＿＿＿＿＿＿＿＿＿＿＿＿＿＿＿＿＿

＿＿＿＿＿＿＿＿＿＿＿＿＿＿＿＿＿＿＿＿＿＿＿＿＿

【為提供訂購、行銷、客戶管理或其他合於營業登記項目或章程所定業務之目的，城邦出版人集團（即英屬蓋曼群島商家庭傳媒（股）公司城邦分公司、城邦文化事業（股）公司），於本集團之營運期間及地區內，將以電郵、傳真、電話、簡訊、郵寄或其他公告方式利用您提供之資料（資料類別：C001、C002、C003、C011 等）。利用對象除本集團外，亦可能包括相關服務的協力機構。如您有依個資法第三條或其他需服務之處，得致電本公司客服中心電話 02-25007718 請求協助。相關資料如為非必要項目，不提供亦不影響您的權益。】

1.C001 辨識個人者：如消費者之姓名、地址、電話、電子郵件等資訊。　　2.C002 辨識財務者：如信用卡或轉帳帳戶資訊。
3.C003 政府資料中之辨識者：如身分證字號或護照號碼（外國人）。　　4.C011 個人描述：如性別、國籍、出生年月日。